注意！現在流行算運不算命

華山派紫微斗數

算運

鄭穆德 老師 著

史上第一本命理算運書

鄭穆德老師簡介

華山派命理學創始人
台中地方法院命理學講師
專業傳授命理學開館職業班
行政院中區職訓局命理學講師
台中、彰化救國團命理學講師
台中、台北建築師公會命理學講師
創立中華華山派四化命理研究協會
《媽媽寶寶雜誌》及《非凡商業週刊》專訪
專研紫微斗數、面相、陰宅、陽宅36年
著作：《紫微斗數開館的第一本書》
　　《一看就懂！大師面相學》
電話：〇九三七-二九五五五五、〇九〇九-一九五五五五

【目錄】

【目錄】

柒、命理老師應該學會的事 275

【目錄】

〔推薦序一〕我成功的秘密

楊士模

筆者與鄭穆德老師認識，那已經是好幾年前的事了，那時候正走來人生的十字路口上，工作上剛無預警被辭退，正處於青黃不接時，無法理解為何認真努力仍會失敗。經過鄭老師的提點，原來這都是命中注定的事，命理本身沒有吉凶，只有現象；現實環境中，個人決定的事該變動的時間點就是會變動，也了解到人生的方向，在走向成名的路上，一點小小的挫折不足掛齒。透過鄭老師的講解，第一次感受到紫微斗數的奧祕，對於未來人生有了新的希望。

讀博士班的時候，在研究上遇到了糾紛不斷的情況，本來以為博士學位是讀不出來了。經過鄭老師的提點，原來這都是命中會遇到的挑戰，命盤中早有定數，明白了如何應對，知道怎麼去處理這種情況。了解了前因後果，就有如撥雲見日，不再徬徨了。

從博士班畢業之後，剛好有機會到香港中文大學從事博士後研究工作，二年後，也正好遇到人生的機會，到上海的大學來任教，回想每一次人生職位上的變動，都正好是鄭老師預先告知的時間點，一方面感到冥冥之中自有安排，另一方面也感於華山派紫微斗數的料事如神。

人生是一個旅途，我們出門旅行時都要看「攻略地圖」，先知道「氣象報告」，在數十寒暑中的人事交替，如果能夠預先掌握人一生的走向，掌握運勢高低起伏的變化，就能夠為我們在做選擇時提供依據，當運勢到來時，勇敢的向前迎擊，當運勢低迷時學會潛沉，累積實力，等待時機的到來。【筆者就是在人生低潮時回到校園讀書，在辛苦中完成了博士學位，順勢而為真乃成功之法則。】

一般市面上紫微斗數的書都是大同小異，著重在格局或是星性的分析，然而鄭老師的華山派紫微斗數更高一層，能夠論斷事情發生的時間點，這才是真正對人生有幫助的論斷法。欣見鄭老師再次出書，以這部紫微斗數的鉅作，揭開紫微斗數神祕的面紗，讓每個人在面對未來的時候，能夠更有自信，開創更光明的人生。

本文作者為
清華大學理學碩士
交通大學理學博士
香港中文大學博士後研究員
上海華東理工大學特別教授

〔推薦序二〕華山派的蛻變

黃鼎鈞

世事如棋，乾坤莫測。人的一生究竟有無命定？若是，當吾人得知自己命勢，不論好壞，是否就莫可奈何？還是除先天命定外，也可從後天掌握運途，創造對自己最好的未來。

鄭穆德老師曾陸續出版《紫微斗數開館的第一本書》、《一看就懂！大師面相學》，第一本書偏重學術理論，係針對規劃開館者編寫，需有斗數基礎者才易理解。第二本面相學，則因人從出生後即以自己面相示人，也觀看眾生面相並互動成長，對熟悉的各個面相，每人都累積了自己判讀的能力，只是忘了面相是可掩飾的，再輔以修飾的言語動作，造就台灣為詐欺王國。鄭穆德老師特別編寫了紫微斗數及面相學的書，用意是二者應互輔運用，再加上吾人的閱歷，有了武功心法及純熟武術，再累積實戰經驗後，也能成為大師。

鄭穆德老師不斷鑽研紫微斗數，伴隨歷練與智慧的增長，令本書更臻完善，編寫方式與內容，不同於第一本書，而是先闡明「命」與「運」的關連，再論述紫微斗數的分類與入門。除了鄭穆德老師自己華山派獨特的紫微斗數學術見解外，更深入剖析算命的各種理論技巧，也平易解說並導正世俗常有的算命觀點，這本書絕對值得珍藏。

本人從事過書記官、檢察官，現任律師，二十幾年體驗人生悲苦離痛，綜合觀之，軌跡永遠存在，後人勇敢覆轍，吾也常惕勵己身，日省己行，因不懂命運及未來，謹言慎行是常治必需。但，有了鄭穆德老師《算運》這本書，再加上面相學，相信眾生會改變人生觀及舊框，最後最吸引人的，也是多數人疑惑的算命諸事，鄭穆德老師在書末，特別道出算命怎麼問，眾生在坊間接觸各類算命及問事，常被解答者技巧的牽引認同其鋪設的答案，如斷言你曾受傷意外，人從小長大誰沒跌倒破皮？你與父母無緣，現今社會鮮少人居家到老，除非自幼得罕見疾病？這類人生必然經歷之事，何須問卦？鄭穆德老師寫這本書，要導正大眾觀念，讓大眾以正確心態接觸命理學，進而知命掌運，儘可能以運改命，功德無量。

本文作者為執業律師
前台中及彰化地檢署檢察官
二〇一六年一月二十五日於台中

〔推薦序三〕大師的命與運

蔡仁捷

丙申年底接獲鄭老師來電，希望我為新書《算運》寫序，心裡頭既驚且喜，驚訝的是鄭老師的器重，而恭喜的是鄭老師又有鉅作問世。從電郵過來PDF檔的新書內容，令我景仰的心中直呼驚艷，這是自《紫微斗數開館的第一本書》及《一看就懂！大師命相學》出版後，於丙申年出版之大作，真是橫跨世紀華山派薪火傳承最重要的一步。

本書針對神秘的四化世界，除說明四化（祿、權、科、忌）算命法為紫微斗數之主軸，也是斗數之用神外，對華山派紫微斗數之初學者更提出基礎算命之四大公式（也是初學者必須先學會的本事）如下：

（一）、十二宮位要做廣義的解釋（即命、兄、夫、子、財、疾、遷、奴、官、田、福、父各宮位，依人、事、物說明其基本內涵；且十二宮位再依四化祿、權、科、忌在人、事、物加以淺釋）。

（二）、M質（祿、權、科、忌）論述其「存在」。

（三）、M質（祿、權、科、忌）論述其「內容」。

（四）、M質（祿、權、科、忌）論述其「有運」。

「命」是命中注定的定數，「運」是環境多選擇的變數；華山派紫微斗數算運理念含括：星辰「現象學」、生年四化「時間學」、飛星四化「空間學」、自化「吉凶學」及左右昌曲「宗教學」，講的是現象、時間、空間、吉凶、內容、影響、改運、轉運、宗教。所以論運乃預測人、事、物的結果，也是一層又一層往下追根究底的學問，重點在人生富貴的規劃。而生涯規劃的重點則在掌握精準人、事、物的前因後果。生涯規劃需經歷人生成功的三階段，即，折磨的改變期、利益的成熟期、富貴來臨時的攻擊期，才能在事業有所成就。

所以算運怎麼問，也是算運的生涯規劃的公式：

現象——我命中注定的事

時間——我現在決定的事

吉凶——我會發生什麼事

內容——我應該怎麼做

影響——對我以後有什麼影響

治世始於治心，治心始於治亂；順天命，就是善因緣，公式化、系統化、嚴謹且出神入化的《算運》一書，內容絕對能讓命理界以「算運」逐漸取代「算命」；也是有心學習紫微斗數者完整入門學習的經典之作。

本文作者為
新北市建築師公會理事長
文化大學建築暨都市設計系講師
台灣大師朱銘美術館設計建築師

〔推薦序四〕我認識的鄭老師

王基陵

紫微斗數是一星相術，以星宿配合十二宮算命，以人出生時所對應之星相決定該人一生之命運。紫微斗數總訣有云：「希夷仰觀天上星，作為斗數推人命，不依五星要過節，只論年月日時生。」道盡斗數之天機。天上日月星辰運轉為大太極，由於萬有引力之牽引，影響地球春夏秋冬四時及作物生長順序之中太極，進而影響生於地球上人類身體機能及生命運行之小太極，產生了對人一生窮通禍福、榮辱盛衰生命周期一定程度之影響。故生於五代末宋初之陳摶（號希夷先生），仰觀天上星，按一定次序出現之星曜，相對應人之命運作紫微斗數，能推算人命，分析一人出生年、月、日、時，即可以判斷該人本身一生命運之好壞。

古人相信：人之一生要榮華富貴，受一命、二運、三風水、四積德、五讀書之影響甚深，命與運即排在首位。一命，是指先天命，即一般所謂「落土時」，以八字觀點，為胎兒出生年、月、日、時之時辰，剎那接觸到母體外陽光、空氣，換算成天干地支之八字而言；在紫微斗數之觀點，則為胎兒在母體內受孕時，左輔、右弼星進入胎兒內，胎內十個月，即孕育十天干甲乙丙丁至癸之氣，此十天干之氣形成意識，由文昌星主管而形成先天命。二運，在八字上是指出生後，根據出生月所賦予之十年大運排列，在往後遭遇不同人、時、事、地、物及周遭環境生剋沖合影響，所形成吉凶判斷為後天運；在紫微則為胎兒出生剎那，文曲星進去，祿存星進去，紫微系六顆星、天府系八顆星也進去，同時產生之祿、權、科、忌四化星則歸祿存星掌管，形成整個命、運之大架構，根據此星辰及四化星之變化，隨著時間推移而影響人一生之榮華富貴，此即是紫微斗數之運。易言之，胎內為命，胎外為運，命運包括「命」與「運」，是先天命與後天運交互作用之結果；命造出生後，在後天環境如何去「運行」，產生後天「運」以趨吉避凶，一直是人類自古至今畢生所冀求之課題。

余於民國八十九年有感易經陽宅五術對建築師執業很重要，乃於台北市建築師公會創立易經社，於民國九十四、九十五年間禮聘鄭穆德老師講授紫微斗數、面相學。兩年間，鄭老師風塵僕僕自台中至台北授課，兩年如一日從不缺課及遲到早退，非常難能可貴，這是鄭老師之一貫教學精神，如同鄭老師與人論命與運時之「準」一字可以形容。聆聽鄭老師精彩講演時，建築師學員座無虛席，個個獲益良多，墊下紫微斗數紮實基礎。老師在上課中不斷教導大家一個概念：「學命理的相關知識比命理重要一百倍」，例如：命理，一般是在算運，不是算命，只有準與不準，所有的結果都要看運，論命是培養東山再起的條件。論命之吉凶，在運來之前，則要多四至五年以上，後面三年為準備運，不要看原來的大限，要看下一個大限。在四化的世界裡，祿（A）、權（B）、科（C）、忌（D）為M質，A、B、C為前世應得之福報，只要個人努力去爭取，一定可以有意想不到的收穫，D為前世未完成的折磨事，忌的當下禍福相依，今生必須經過長時間之折磨，才能在不同人事物上獲得回報，今生在受折磨時，福報已生，若對施折磨的人、事、物仍有太多怨恨，福報則還在遠方。是則命理是預知人、事、物的結果，與你作對的人，有一半是貴人，而唱合的都是小人，做與命格相違背的事為破格。論吉凶一定要形成體（本命）與用（大限）的關係，時間吉凶確定位置，生肖本來就在那裡，故無所謂生肖。本命大限重疊，體用關係存在即是流年，絕對沒有單論流年。本命盤講一生，格局講一定的定位及個人做事情的態度，也是永久跟隨著你。會不會賺錢從命盤可知，與地理無關等等。皆是非常有用之觀念，為獲益良多之所在。

鄭老師不但治學嚴謹，還不斷精研紫微斗數，提高紫微論運層次。這次鄭老師將其闊別台北市建築師公會後，繼續研究、教授紫微斗數之講義集結並補充成冊後，出版第三本曠世鉅作，交予亦生亦友的余先睹為快，並囑余為之作序，余誠惶誠恐，恐負所託，乃於一星期內仔細研讀，不覺驚嘆內容之震撼，為前所未有，例如往昔傳統命師解命者，皆為單向解答，在鄭老師之鉅作裡，不但解答惑者之單項問題，還教導惑者怎麼問：我會發生什麼事？對我以後有什麼影響？我應該怎麼做？諸如此類立體之思維，將論命與運堆高到最高層次，這是其他學派所望塵莫及。學會此思維而論命與運，即可當眾生迷航時之一盞明燈，也可得佛法三種布施：財布施、法布施、無畏施裡的無畏施，使眾生免於恐懼與畏怯，何樂而不為？另一例提到擇日，則是與傳統擇日學大相徑庭。傳統擇日學有一定之學理，但以命造之生年天干地支，配合歲月日時之天干地支生剋沖合，予以決定婚喪喜慶之事，由於人之命造有四柱，擇日學僅取年柱一柱，再根據通書所定而擇事務之日課能否準確，不無疑問。鄭老師之擇日學則跳脫此思維，以個人之命盤量身訂作，經過本命、大限、流年、流月、流日五盤重疊抽絲剝繭，找出個人災厄到了盡頭，好運已經開始之點才決定該日，是為真正之擇日，真是大哉之學問。諸如此類跳脫傳統思維之論點，於鄭老師之第三本書《算運》俯拾即是，要成為紫微斗數大師，本書為一寶藏，可以好好研讀挖掘，實乃讀者之幸。以上為余之一點讀後心得，不揣自己於紫微斗術領域之淺陋，斗膽的為之作序。

本文作者為
台北市建築師公會易經社創社社長
國立台北科技大學建都所碩士
現任：台北市建築師公會福利委員會主任委員
王基陵建築師事務所主持建築師
寫於乙未年臘月孟冬

〔推薦序五〕紫微斗數與我

周勝傑

自從擔任建築師執業以來，大部分時間幾乎都埋首於建築設計案中，好不容易在八十九年的某個午後，騰出空閒，到書店看看有無最新出版的建築相關資訊及書籍，突然書架上排列紫微斗數的專書莫名的吸引住我的目光，一時興起，隨手翻閱了幾頁，從此與紫微斗數結下了不解之緣。之後，斷斷續續自行購書研讀，始終不得其門而入，直至九十四年參加台北市建築師公會開辦、由鄭穆德老師教授的紫微斗數初級班後，才算正式入門，讓我從原先僅能粗淺認識各星辰代表的意義，進而體會出「祿」、「權」、「科」、「忌」四種化象的「起、變、續、滅」，才是紫微斗數之精華，這四化不僅男女有別，也代表「緣、業、情、債」在命盤中隨著時間的轉移與變化，坊間少有專書完整深入的說明。有感於紫微斗數的易學難懂，為使自己更能了解其深層的意涵及變化，遂報名參加鄭穆德老師開辦的職業班課程，在不斷持續的學習下，現已較能掌握紫微斗數各宮位及各星辰間相互牽引的變化與奧妙。

鄭老師教學非常認真、嚴謹，在課堂上論述「人、時、事、地、物」時，總教導學生必須區分得清清楚楚，因為同一張命盤，即使同樣的星辰、同樣的宮位、相同的時間，當要論述不同的事物時就會產生不一樣的結果，「區分清楚」才能精準論命。另鄭老師也會逐一介紹各種特殊的論命原理與方法，如雙象命盤用法與定位、三象一物、體用關係、平衡原理……等，讓學生從多元面向學習，有助於融會貫通，這些方法在一般的紫微斗數書籍鮮少被提及。

還有鄭老師會將各種論命方法整理成清楚的口訣，讓學生琅琅上口，易懂、易記。尤其最受歡迎的重頭戲是鄭老師就學生提供的親友命盤進行實例解盤，將理論透過命盤實際運用，不但讓學生大開眼界，也大大提昇學生的學習興致。幾天前我特地到書店問看看鄭老師的《紫微斗數開館的第一本書》有沒有再版的信息，沒想到不久就接獲鄭老師要出版新書的好消息。我有幸能提早閱讀新書部分章節，驚喜的發現內容不僅含括以往理論架構的精華，還新增很多圖例，讓讀者能一目瞭然，這在在都顯示鄭老師對這本書的用心，其不遺餘力推廣華山派紫微斗數及不藏私的傾囊相授精神實令人感佩。

本人對於紫微斗數有種莫名的狂熱，儘管建築業務繁忙，仍盡量抽空學習研究，眼見同期學員早已承繼鄭老師的腳步擔綱教學工作，成為名師，並與鄭老師共同致力於推廣華山派紫微斗數，而自己仍處於見樹不見林的階段，實感汗顏。不過儘管如此，當我將所學應用於個人事業的規劃及發展時，已能很精準明快的找到方向並做出正確的抉擇，在面對親友們的疑惑時，也能提供相當正面的建議，親友們多對我的解析及建議感謝、讚嘆不已，這些都歸功於鄭老師獨到精闢的教學，在此也期待我們「算運」能普及化且發揚光大，使我們普遍認為艱深的傳統命理，轉化為現代化、系統化、精準化的現代科學命理。

本文作為基隆市建築師公會理事長

〔自序〕薪火傳承

「薪火傳承」這四個字十八年來常在我腦海深處重複著無奈，每當午夜夢迴總是縈繞著我，遲遲不肯離去。似乎是上天有意安排薪火傳承的工作一定要繼續走下去。是啊！華山派的傳承一直是我的夢想，也是我一生的志願。在這傳統命理老師充斥的年代，籠統的論述大部分人都會發生的現象已經成為主流，這是多麼悲哀的事！每想到傳統「籠統算命法」淹沒了精準的「時空算命法」，內心總是百感交集，一則憂一則喜，憂的是眾生還要繼續接受傳統「亂算」之苦，喜的是新書讓華山派命理學終於可以「薪火傳承」了。

華山派命理的傳承工作如火如荼進行中，正為命理界注入一股清流；希望藉此將傳統的命理從籠統的【現象學】提升到精準的【時間學】、【空間學】、【吉凶學】；從簡單的【現象】論述向上提升到【時間】、【吉凶】、【內容】、【影響】、【改運】、【轉運】階段。

現就算命的七種分類現象、時間、吉凶、內容、影響、改運、轉運分析如下：

【算命】

一、〔現象〕：我命中注定的事

——論述命格、個性、方向、五行、數字、顏色、生肖、宗教……

——例如星座、卜卦、八字、姓名學、塔羅牌、求神問事、生命靈數……

【算運】

二、〔時間〕：我現在決定的事？

三、〔吉凶〕：我會發生什麼事？

——分手後，我會遇到什麼緣份？

——出國後，我會遇到什麼奇緣？

——換工作後，我會找到什麼公司？

——生小孩後，小孩帶財還是帶衰？

四、〔內容〕：我應該怎麼做？

——壞結果時，怎麼降低凶象或中止災厄或趨吉避凶？

——好結果時，怎麼持續好運或規劃未來或創造高峰？

五、〔影響〕：對我以後有什麼影響？

——上班或創業，對以後有什麼影響？

——分手或不分手，對以後有什麼影響？

——生子或不生子，對以後有什麼影響？

六、〔改運〕：壞運持續中，〔我必須做那一件事〕，才能讓壞運快速降低或中止。

七、〔轉運〕：好運未來前，〔我必須做那一件事〕，才能讓好運加倍或快速來臨。

總之，華山派的誕生正肩負著歷史的任務，這是一條艱辛的道路，因傳統的命理學已經流傳了千年之久，短時間內很難讓所有人明白「算命」其實只是籠統的概念而已，其中內容沒有對錯、沒有是非、沒有吉凶的概念。真正的命理學乃預測未來人事物的結果，這是華山派最引以為傲的論述。所以，一方面傳授基礎、進階、職業班的學生，另一方面希望藉此出書之便，好讓「希望的種子」在世界各地開花結果。行筆至此，內心又燃起了希望的使命感，盼望【專業傳承 熱忱奉獻 深耕命理 光耀華山】這華山派命理學的宗旨，有一天能夠在世界各地發光發熱。

鄭穆德謹識

乙未年仲秋序於台中

壹、導讀

【算命】不見了

馬雲文章令人深思：

打火機出現，火柴消失。
計算機出現，算盤消失。
CD出現，錄音機消失。
數位相機出現，膠捲底片市場沒了。
消費者直購出現，傳統市場生意萎縮了。
智慧手機出現，4G出現，回家不用電腦了。
微信、Line出現，簡訊沒人要發了。

【算運】出現後，【算命】不見了。

〔時間〕算法出現後，〔現象〕算法不見了。
〔吉凶〕算法出現後，〔現象〕算法不見了。
〔內容〕算法出現後，〔現象〕算法不見了。

〔影響〕算法出現後，〔現象〕算法不見了。
〔改運〕算法出現後，〔現象〕算法不見了。
〔轉運〕算法出現後，〔現象〕算法不見了。

【實例】：問買房子

〔現象〕：命中有房子命。
〔時間〕：何時可以買房子？
〔吉凶〕：買房子會發生什麼事？
〔內容〕：用什麼方法買房子？
〔影響〕：對我事業有什麼影響？
〔改運〕：凶宅時，怎麼化解災厄？
〔轉運〕：吉宅時，怎麼更上一層樓？

〔算命〕算一種因緣，〔算運〕算七種因緣。

傳統命理老師因不懂〔命理〕的前因後果與〔地理〕的來龍去脈，還停留在古人論述人、事、物的籠統現象。一方面只會簡單的生活常識或宗教習俗，一方面也只想用恐嚇法或安慰法的伎倆來欺騙問命者；也就是論述大部分人都會的﹁常識﹂，或論述一般人都聽不懂的﹁鬼神﹂。縱使學術型的命理老師也講理論，但始終還停留在古人論命的方式；一是現象的多種論斷，二是單一事件的吉凶論斷。他們應用金木水火土五行生剋或卦理或生肖或……等原理，這是﹁點﹂的功夫。殊不知每一事件的發生，皆要本命命盤﹁點﹂＋大限命盤﹁線﹂＋流年命盤﹁面﹂三盤合一，才能精準掌握每一件事未來的吉凶；這﹁點、線、面﹂的功夫才是真正完整的論命方式。傳統的算命方式縱然也論流年或吉凶，但充其量只不過是論述絕對的現象而已。只是大多數命理老師不知道自己不知道，或少數命理老師知道自己不知道完整命理學的全貌，但還是將錯就錯的欺騙大眾。例如，農民曆把每年十二生肖的運勢都呈現一半吉一半凶的怪事，是不是很可笑呢？大小不分，通通有獎。其實，﹁算運﹂出現後，﹁算命﹂不見了。算命分兩種，一是算命，二是算運；算命算一種因緣，算運算七種因緣。﹁算命﹂論述先天注定的現象，﹁算運﹂論述後天運勢的吉凶。真正算運的論命方式共分八種，一是現象、二是時間、三是吉凶、四是內容、五是影響、六是改運、七是轉運、八是宗教。現分析如下：

一、算命—先天注定的因緣〔現象〕

【現象】：我命中注定的事

—論述命格、個性、方向、八卦、五行、數字、顏色、生肖、宗教……

—例如星座、卜卦、八字、姓名學、塔羅牌、神問事、生命靈數……

二、算運—後天運勢的吉凶〔時間〕

【時間】：我現在決定的事

【吉凶】：我會發生什麼事？

—分手後，我會遇到什麼緣份？

—出國後，對我以後有什麼影響？

—換工作後，我會找到什麼公司？

—生小孩後，小孩帶財還是帶衰？

【內容】：我應該怎麼做？

—壞結果時，怎麼降低凶象或中止災厄或趨吉避凶？

—好結果時，怎麼持續好運或規劃未來或創造高峰？

【影響】：對我以後有什麼影響？

—上班或創業，對以後有什麼影響？

—分手或不分手，對以後有什麼影響？

—生子或不生子，對以後有什麼影響？

【改運】：壞運持續中，〔我必須做那一件事〕，才能讓壞運快速降低或中止。

【轉運】：好運未來前，〔我必須做那一件事〕，才能讓好運加倍或快速來臨。

三、宗教—前世今生的緣份（欠債）

傳統的宗教論述（三世因果），重點在勸人為善的觀念。

華山派宗教論述（做對因緣），重點在時間吉凶的掌握。

【傳統的宗教學】

—傳統宗教學以勸善為出發點，教人孝順父母，尊敬師長，以風俗民情的角度幫助別人。

—傳統的宗教學講（前世因，今生果），今生所發生的事情乃前世個人所做所為的報應結果。

—傳統的命理老師故意把命理與宗教結合，藉著宗教神秘的色彩與問命者對人生無常的恐懼而進行騙財騙色。殊不知命理與宗教原本就是兩條不同的平行線。

【華山派宗教學】

—華山派宗教學以前世未了的因緣為出發點、教人認識先天注定的緣份，也就是（了前世的業）與（還今生的債）。

—華山派的宗教學強調（順天命就是善因緣），並非一般宗教人士所稱（做好事，得善果），順天命不但可以還前世未了的因緣，更是個人福報的開始。

——華山派的重點在做對因緣，做對命中注定的緣份，這就是宗教所謂的︹消業障︺。

——華山派命理以︹祿權科︺為上天給的愛的禮物，以︹忌︺為人、事、物緣起與緣滅的分界點，忌乃禍福相依的星辰，災厄的當下，福報已生。

——人生由愛恨情仇、得失吉凶、富貴貧賤所組成。其中對與錯、是與非、吉與凶完全由個人自己選擇，怨不得人。而宗教學就是告訴我們被傷害者常常接收加害者的福報。不是嗎？上天沒有虧待過誰，但也不曾放過誰。

【前世與今生】：

——︹命之緣︺：命之緣論︹本來如此︺，清楚了，富貴才會來。

——︹忌之災︺：忌之災論︹性空緣起︺，認命了，富貴才會來。

——︹左之報︺：左之報論︹真空妙有︺，不想了，富貴才會來。

——︹右之因︺：右之因論︹無中生有︺，天給了，富貴才會來。

——︹昌之業︺：昌之業論︹業障不亡︺，知命了，富貴才會來。

——︹曲之果︺：曲之果論︹果報自受︺，想通了，富貴才會來。

——︹左右昌曲︺：——萬般帶不走，只有業隨身。

——假使千百劫，所作業不亡；因緣會遇時，果報還自受。

—〔法身〕：右—〔命中該有終須有〕。

—〔化身〕：左—〔假使千百劫，所作業不亡〕。

—〔報身〕：昌曲—〔因緣會遇時，果報還自受〕。

總之，命理學與宗教學原本就是兩條不同的平行線，兩者間並沒有直接的關連性。故精準掌握個人每一件人、事、物的未來結果，就是華山派紫微斗數引以為傲的論述。掌握天機，福得龍穴，善盡人事，順應上天巧妙的安排，才是真正完整的命理學。華山派的精髓在於洞悉天地間富貴的良機，進而精準掌握命中該有的福報，故真正的學術一定要具備天、地、人的基本架構，才能參透天地之奧秘。

貳、紫微斗數的分類

紫微斗數之派系分星辰派與四化派兩種，星辰派又分北派、南派……四化派以華山派命理學為其代表。紫微斗數之種類共分五種，一是星辰，二是飛星四化，三是生年四化，四是自化，五是前世星辰。星辰為現象學，飛星四化為空間學，生年四化為時間學，自化為吉凶學，前世星辰為宗教學。

星　　辰—以命中注定會發生的人事物為主。

飛星四化—以後天十年運勢＋流年吉凶為主。

生年四化—以後天十年運勢＋流年吉凶為主。

自　　化—以後天十年運勢＋流年吉凶為主。

前世星辰—以個人三世因果與七世因緣為主。

紫微斗數以四化為用神，︹用神︺之應用關係著命理老師學會紫微斗數的重要原因。學會︹用神︺，表示紫微斗數已經開始入門；不懂︹用神︺，表示您跟紫微斗數的緣份還在遠方。︹用神︺乃專業論述現象、時間、吉凶、內容、影響、改運、轉運等七種因緣。星辰的︹用神︺在星性的官祿主、財帛主、田宅主……等表現出來。四化星的︹用神︺在祿為物，權為事，科為人，忌為吉凶等表現出來。飛星四化、生年四化、自化三種四化的︹用神︺，在宮位的定位表現出來。例如：子女宮為子女、讀書、桃花、意外、異性緣之用神。紫微斗數之時間

＋吉凶＋內容，在飛星四化、生年四化、自化之〔體與用〕表現出來。其中飛星四化的現象等於生年四化＋自化的現象總合，飛星四化看出來的現象，生年四化＋自化也一定看得出來。也就是每一事件的結果至少有三十種以上的公式組合，絕非單一的公式。當然，飛星四化最大的作用有兩項，一是印證算命結果準不準，二是規劃富貴之擇日。紫微斗數最高段為〔擇日學〕，非應用〔飛星四化〕之組合不可，沒有飛星四化誰都不能完成高難度的擇日。

總之，四化乃紫微斗數之用神，〔用神〕決定人、事、物之定位；有定位，才有定數。故洞悉先天俱足的優勢，精準掌握後天運勢的時間與吉凶，才是學習紫微斗數的關鍵。命理學是一門高深的科學知識，千萬不可等閒視之，否則將淪落高知識人士恥笑的對象。華山派與電視命理節目不同，他們以娛樂為主，很少專業；也與傳統的命理老師不同，他們以賺錢餬口為目的，只能利用安慰或恐嚇方式賺錢。華山派的重點在預知每一事件未來的結果，故算命的重點在問命者〔現在的問題〕：一、預測會發生什麼事？二、應該怎麼做？三、影響什麼事？這才是真正的命理學。願與命理同好共勉之！

一、星辰——【現象學】

1.〔學會排命盤的重要性〕

—讓初學者知道紫微斗數的前因後果。
—讓初學者快速進入紫微斗數的世界。
—這是全盤掌握紫微斗數的基礎概念。

2.〔傳統的命理學論述〕

—乃根據星辰在十二宮位而論述個性與格局。
—論述命中注定會發生的現象。
—論述十年以上的大方向。
—傳統命理老師先以命宮論述個性，再以格局論述個人人生之大方向，最後用十二宮位分析命中會發生的事。
—傳統算命方式以籠統的分析，道出每個人一生中都會發生的現象，其中沒有對與錯，是與非，吉與凶的觀念，這是標準的〔現象算命法〕。

3.〔華山派命理學論述〕

—華山派命理以四化之雙象命盤，論述個性、格局與人事物命中會發生的事。

—華山派命理以淺顯易懂的〔今論〕，代替艱澀難懂的〔古文〕，更讓人輕鬆欣賞到古人發明命理學的智慧。

—華山派命理精準掌握個人每一件人事物的時間與吉凶，重點在告知問命者如何應用命中俱足的優勢天性，凡事必須順勢而為，才能快速進入富貴之門。

4.【星辰缺點】無法論述個人流年之時間與吉凶

—論述命中注定的因緣【現象】。

—以三方四正籠統的論述格局。

—不利【算運】之時間與吉凶的精準掌握。

5.【星辰優點】籠統論述命中注定的因緣與現象

—有利於初學者【算命】的訓練。

—籠統論述命中會發生的事，確實很容易讓問命者誤認有他準確的地方。

—因為沒有精準的時間與吉凶，所以問命者很難發現算命的不準確性。

【星辰算命】

—乃根據命宮星辰論命。

—乃根據命宮三方四正論格局。

—論述命中會發生的事。

天梁 父	七殺 福	田	廉貞 官
紫微 天相 命			奴
天機 巨門 兄			破軍 遷
貪狼 夫	太陽 太陰 子	武曲 天府 財	天同 疾

【紫相盤】紫微辰宮坐命

〔傳統的算命方式〕

1. 先論紫微坐命的現象。

—表示此人有優越感，不容易屈服於別人。適合把人生的重點放在事業上。

2. 再論命宮三方四正有無四吉星會逢。（四吉星為左輔右弼文昌文曲）

—表示事業會遇到貴人相助而成功。

3. 再論命宮三方四正有無煞星會逢羊陀火鈴空劫，有煞星會遇時，表示人生破格，必先經歷困難與災厄後才能成功。

〔華山派算命方式〕

1. 華山派以現代人之觀點分析星辰的特性。
2. 以淺顯易懂的〔今論〕，代替艱澀難懂的〔古文〕。
3. 以科學的角度分析古人論述〔格局〕之誤。

二、生年四化—【時間學】

【定義】：乃根據出生年之天干而定四化。（請參考求四化曜星表）

1. 精準掌握（時間與吉凶）的大架構。
—精準掌握十年以上的大方向。
—可以精準論述流年的吉凶。
2. 精準論述命中注定會發生的事。論一生的事只需要本命命盤之單一命盤就可以完整論命。
3. 精準論述每十年【大限】人事物的吉凶，這需要兩盤合一，才能精確掌握十年之得失與吉凶的分界點。
4. 精準論述每一年【流年】人事物的吉凶、這需要三盤合一，才能精確掌握流年之富貴與貧賤的分界點。
5. 祿、權、科、忌四化星所落宮位，可精準論述今生的緣盡情未了、情盡緣未了、情緣皆了了之三種感情面臨的愛恨情仇。
6. 生年四化分類：有生年有自化、有生年無自化、無生年有自化、無生年無自化。

【生年定義】

—乃根據出生年之天干而定四化。

【本命命盤】：一生的事。

奴	Ⓜ 遷	疾	財
Ⓜ 官			Ⓜ 子
田			夫
福	父	Ⓜ 命	兄

一、四化算命的【內涵】

—四化＝祿、權、科、忌＝M質。

—祿＝A，權＝B，科＝C，忌＝D。

—論述命中注定的事。

—論述永久占有的宮位。

—論述有其象，必有其物。

二、四化算命的【表達方式】

—論【存在】

—論【貴人】

—論【欠債】

—論【有運】

三、本命命盤算命的【實例】

—命宮有M質，表示自己是自己的貴人，有條件後貴人才會出現。

—子女宮有M質，表示命中有子女的命。

—遷移宮有M質，表示出外才能逢貴人。

—官祿宮有M質，表示天生事業有成就的條件。

【大限命盤】：十年的事

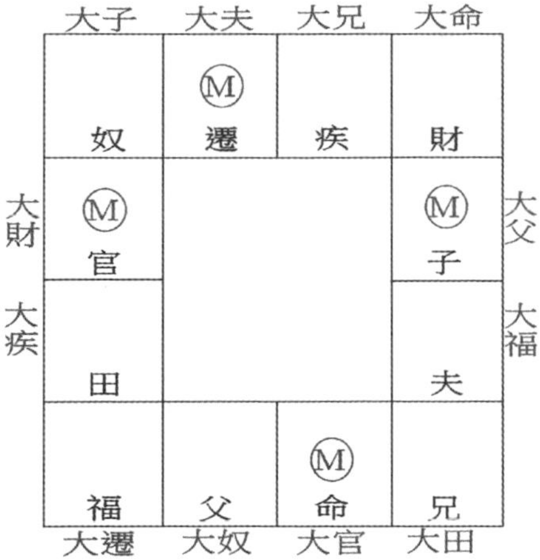

一、四化算命的【表達方式】

—論【存在】

—論【貴人】

—論【欠債】

—論【有運】

二、大限〔大命〕命盤【算命法】

—本命命盤之生年四化星不動（永遠不動），直接看大限命盤之M質算命，也是完整的算命。

三、大限〔大命〕命盤算命的【實例】

—大限夫妻宮有M質，表示此大限姻緣成熟，可以結婚。

—大財有M質，表示此大限可以賺大錢。

—大官有M質，表示此大限可以衝事業。

—大父有M質，表示此大限是學習或考試的最好時間，精選科目或一技之長就能往成功的路上走。

三、飛星四化──【空間學】

〔定義〕：乃根據宮位天干，飛出之四化到其他宮位謂之。

1. 精準論述命中注定會發生的事。
2. 精準論述命中注定的時間與空間。
3. 精準掌握一生〔內容〕的大架構。
 ─精論十年以上的大方向。
 ─精論每一流年的吉凶。
4. 精準論述每十年【大限】人事物的吉凶，這需要兩盤合一，才能精確掌握十年得失與吉凶的分界點。
5. 精準論述每一年【流年】人事物的吉凶，這需要三盤合一，才能精確掌握流年富貴與貧賤的分界點。
6. 精準論述人生立體的事件。例如：事業宮重疊財帛宮，表示事業有投資的機會。

【飛星定義】

—乃根據宮位天干，飛出之四化到其他宮位謂之。

【本命命盤】：一生的事

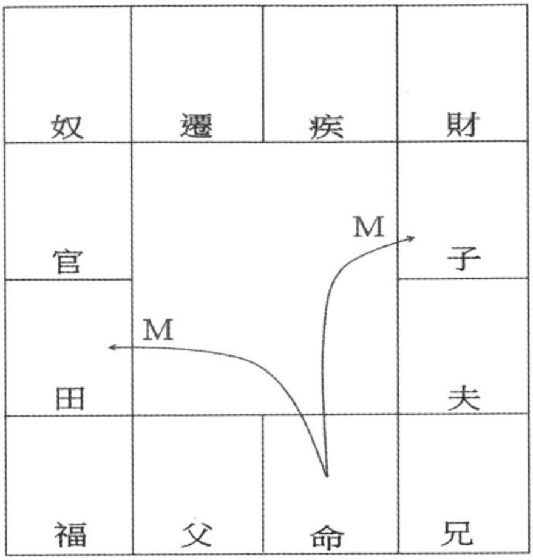

一、飛星四化【算命法】

—先從甲宮位飛M質到乙宮位。

—再把甲宮位＋乙宮位的現象合起來解釋。

—這也是完整的算命方式。

二、本命命盤算命的【實例】

〔問題〕：命宮飛M質到子女宮。

〔解釋〕：命＋子表示命中有子女的命。

〔問題〕：命宮飛M質到田宅宮。

〔解釋〕：命＋田表示命中有房子的命。

三、華山派【獨家秘笈】可以精準往下算命，乃一層又一層往下追根究底的學問。

—第一層，命中有房子。

—第二層，房子怎麼得到，祖產或自己買……

—第三層，什麼時間點可以得到房子？

—可以繼續往下問第四層、第五層……

【大限命盤】十年的事

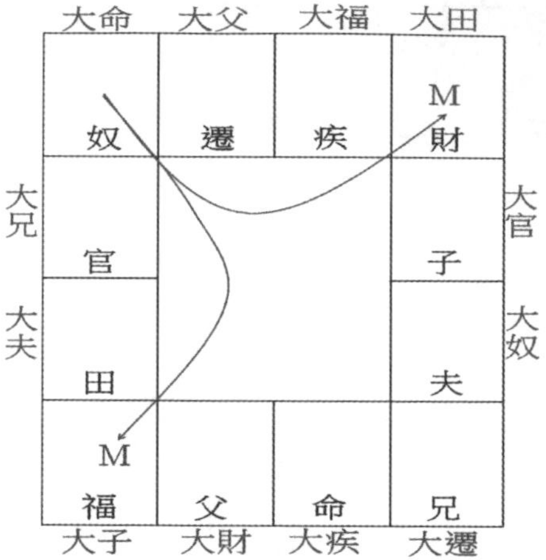

一、飛星四化【算命法】

—先將甲宮位飛M質到乙宮位。

—再把甲宮位＋乙宮位的現象合起來解釋。

—這也是完整的算命方式。

二、大限命盤算命的【實例】

〔問題〕：大命飛M質到大子。（命＋子）

〔解釋〕：表示此大限是生小孩的時間（運）。

〔問題〕：大命飛M質到大田。（命＋田）

〔解釋〕：表示此大限就是得到房子的時間。

三、華山派【獨家秘笈】可以精準往下算命，乃一層又一層往下追根究底的學問。

—第一層，此大限是得到房子時間。

—第二層，房子是自己買的，因為重疊本命財帛。

—第三層，那一年買房子對自己的事業最有幫助。

—可以繼續往下問第四層、第五層……

四、自化—【吉凶學】

〔定義〕：乃本宮與對宮所化出之四化，到對宮或本宮位自化謂之。

1. 精準論述命中會發生的事。〔內容〕
2. 精準論述命中欠誰的債。〔內容〕
3. 精準論述命中發生事件的〔時間與吉凶〕。
4. 精準論述時間與吉凶的因緣。
   —精論十年以上的大方向。
   —精論每一流年的吉凶。
5. 精準論述每十年【大限】人事物的吉凶，這需要兩盤合一，才能精確掌握十年得失與吉凶的分界點。
6. 精準論述每一年【流年】人事物的吉凶，這需要三盤合一，才能精確掌握流年富貴與貧賤的分界點。

【自化定義】

—乃本宮與對宮所化出之四化，到對宮或本宮位自化謂之。

—〔本命命盤〕：一生的事

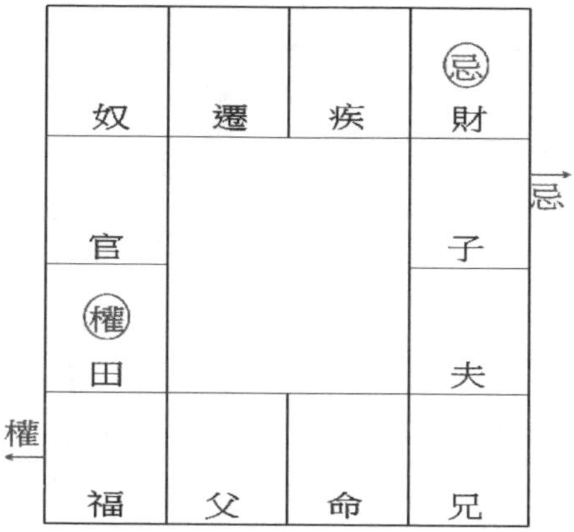

一、自化【算命法】

—先找到自己需要的有效生年四化。

—再找到與生年四化相同的自化。

—前兩項合起來解釋，也是完整的算命方式。

二、本命命盤算命的【實例】

〔問題〕：本命財帛宮有忌星，子女宮有自化忌星。

〔解釋〕：表示命中欠子女的花錢債。

〔問題〕：本命田宅宮有權星，福德宮有自化權星。

〔解釋〕：表示我的房子來自祖產。

三、華山派【獨家秘笈】可以精準往下論命，乃一層又一層往下追根究底的學問。

—第一層，命中的房子來自祖產。

—第二層，什麼時間點得到祖產。

—第三層，什麼方式得到祖產。

—可以繼續往下問第四層、第五層……

五、左右昌曲——【宗教學】

〔定義〕：左右昌曲所落的宮位乃前世與今生神秘的交集處。

1. 左右昌曲可論述個人之三世因果與七世因緣。
2. 精準論述還債、報恩的時間與吉凶。
3. 精準論述每十年【大限】人事物的吉凶，這需要兩盤合一。才能精確掌握十年得失與吉凶的分界點。
4. 精準論述每一年【流年】人事物的吉凶，這需要三盤合一，才能精確掌握流年富貴與貧賤的分界點。
5. 左右昌曲所落的宮位為冤親債主的因緣。此宮位不是討債就是報恩，乃愛恨情仇的生肖，這是前世今生不滅緣份的輪迴。
6. 左右昌曲所落的宮位乃論述感情緣份之生滅與事業福報之有無。
7. 左右昌曲所落宮位乃論述宗教的情盡緣未了、緣盡情未了、情緣皆了了。
8. 〔右之因〕：右之因論〔無中生有〕，天給了，富貴才會來。
9. 〔左之報〕：左之報論〔真空妙有〕，不想了，富貴才會來。
10. 〔昌之業〕：昌之業論〔業障不亡〕，知命了，富貴才會來。

11.（曲之果）：曲之果論（果報自受），想通了，富貴才會來。

【左右昌曲定位】

—以宗教學的角度，祂是冤親債主及討債報恩的宮位，祂的災厄最大，祂的福報最長。

一、左右昌曲【算命法】

—左右昌曲可以直接論述三世因果的生肖。

—左右昌曲的宮位可以再配合生年四化、飛星四化、自化論命也是完整的算命方式。

二、【實例一】：本命命盤算命法。

（問題）：左、右、昌、曲所落宮位的生肖。

（解釋）：右是貴人的生肖，左是報應的生肖，昌是業障的生肖，曲是福報的生肖。只是三世的愛恨情仇會讓人剪不斷，理還亂。

三、【實例二】：本命命盤算命法

（問題）：本命命宮有左輔星、右弼星。

（解釋）：表示天命要上敬諸佛，對師長或對學問的精進是真正福報的開始。

（問題）：本命命宮有文昌星、文曲星。

（解釋）：表示天命要下放眾生，對員工或對學生諄諄教誨是真正福報的開始。

參、紫微斗數如何入門

紫微斗數如何入門，幾十年來一直困擾著有心學習的人；一來星辰派無法精準掌握每一件人事物的未來結果，二來四化派一直找不到真正懂得四化的人，更可悲的是三十多年前學習〔飛星四化〕的人，他們飛出去的星辰到現在都還沒有飛回來。這就是傳統命理學的悲哀。傳統命理學一直還停留在籠統的現象論述，所謂命格、個性、方向、八卦、五行、數字、顏色、生肖、宗教……等等，這些簡單又似是而非的傳統學問已經讓大多數人漸漸失去信任感，完全無法滿足現代人科技、競爭、多變的社會。而華山派命理學的誕生正好彌補了傳統命理學的缺陷。

1. 傳統命理：【命】—論述命中會發生的事。
華山派命理：【運】—論述我現在決定的事。
2. 傳統命理：【命】—論述命中注定的定數。
華山派命理：【運】—論述環境多選擇的變數。
3. 傳統命理：只論〔現象〕而已。
華山派命理：綜合論述〔現象〕〔時間〕〔吉凶〕〔內容〕〔影響〕〔改運〕〔轉運〕七種。

總之，華山派命理學將傳統〔算命〕提升到〔算運〕，將算命的〔現象〕提升到算運的〔時間〕、〔吉凶〕、〔內容〕、〔影響〕、〔改運〕、〔轉運〕七種階段。讓現代人【問命】

只需要學會問三件事，就可以獲得個人的最大利益。

【我現在決定的事】

一**問**—我會發生什麼事？

二**問**—我應該怎麼做？

三**問**—對以後有什麼影響？

〔算運〕出現後，算命不見了。〔算運〕的誕生肩負著改革命理學的重責大任，這是劃時代的進步，也是時代進化過程中必定會發生的事。華山派命理學之〔薪火傳承〕正流著古人熱愛生命的血液，血液裡充滿了熾熱的香火傳承。其目的是希望愛好命理人士可以快速進入學術之林，讓〔命理之美〕深植人心，讓科學的命理學為大眾帶來最大利益。

一、紫微斗數如何入門

一、第一步—先學會【排命盤】的重要性

1. 學會排命盤的重要性

—讓初學者知道紫微斗數的前因後果。

—讓初學者快速進入紫微斗數的世界。

—這是全盤掌握紫微斗數的基礎概念。

2. 論述命中注定的因緣與現象

—有利於初學者【算命】的訓練。

—籠統論述命中會發生的事，確實很容易讓問命者誤認有他準確的地方。

—因為沒有精準的時間與吉凶，所以客人很難發現算命的不準確性。

二、第二步—再了解【命與運】的分別

1. 【命】—先天俱足的因緣（現象）。

【運】—後天運勢的吉凶（時間）。

2.【命】—論述命中注定的命格與本性。

【運】—預知人、事、物的時間與吉凶。

3.【命】—命中注定的定數。

【運】—環境多選擇的變數。

4.【命】—命中會發生的事。

【運】—我現在決定的事。

三、第三步—最後領悟【算命變成算運】的過程

一、**【算命】**

〔現象〕：命中會發生的事。

—論述：命格、個性、方向、八卦、五行、數字、顏色、生肖、宗教……

—例如：星座、卜卦、八字、姓名學、塔羅牌、求神問事、生命靈數……

二、**【算運】**

〔時間〕：我現在決定的事。

〔吉凶〕：我會發生什麼事？

—〔分手〕後，我會遇到什麼緣份？

—〔出國〕後，對我以後有什麼影響？
—〔換工作〕後，我會找到什麼公司？
—〔生小孩〕後，小孩帶財還是帶衰？
〔內容〕：我應該怎麼做？
—〔壞結果〕時，怎麼降低凶象或中止災厄或趨吉避凶？
—〔好結果〕時，怎麼持續好運或規劃未來或創造高峰？
〔影響〕：對我以後有什麼影響？
—〔上班或創業〕，對以後有什麼影響？
—〔分手或不分手〕，對以後有什麼影響？
—〔生子或不生子〕，對以後有什麼影響？
〔改運〕：壞運持續中，〔我必須做那一件事〕，才能讓壞運快速降低或中止。
〔轉運〕：好運未來前，〔我必須做那一件事〕，才能讓好運加倍或快速來臨。

二、斗數以四化為用神

一、由傳統算命的〔星辰〕提升到生年四化、飛星四化、自化、前世今生。

星　辰—【現象學】占五分之一

生年四化—【時間學】占五分之一

飛星四化—【空間學】占五分之一

自　化—【吉凶學】占五分之一

前世今生—【宗教學】占五分之一

二、由傳統算命的〔現象學〕提升到算運的〔時間學〕、〔空間學〕、〔吉凶學〕、〔宗教學〕、〔改運學〕、〔轉運學〕。

—現象學轉空間學，論述每一事件的〔緣份〕。

—空間學轉時間學，論述每一事件的〔流年〕。

—時間學轉吉凶學，論述每一事件的〔得失〕。

—吉凶學轉宗教學，論述每一事件的〔因果〕。

—宗教學轉改運學，論述每一事件的〔避災〕。

—宗教學轉轉運學，論述每一事件的〔富貴〕。

三、由傳統算命的〔單一命盤〕提升到〔二盤〕、〔三盤〕、〔四盤〕、〔五盤〕之立體空間。

—本命命盤，此單一命盤論述命中注定的現象。

—本命命盤＋大限命盤，此兩種命盤論述立體的時空。

—本命命盤＋大限命盤＋流年命盤，此三種命盤論述流年的吉凶。

—本命命盤＋大限命盤＋流年命盤＋流月命盤，此四種命盤論述富貴與貧賤。

—本命命盤＋大限命盤＋流年命盤＋流月命盤＋流日命盤，此五種命盤論述改運與轉運之趨吉避凶、化險為夷的因緣。

—以上二種命盤、三種命盤、四種命盤、五種命盤皆要有相同的現象，命盤上的〔時間與吉凶〕才能成立。

三、四化如何算命

四化如何【算命】

—第一步：先用十八顆主星排入十二宮位。

—第二步：再藉由個人出生天干求出四化星所落的宮位。

—第三步：最後應用生年四化、飛星四化、自化等三種方法來〔算命〕。

1.【主星】

紫微星系：紫微、天機、太陽、武曲、天同、廉貞。

天府星系：天府、太陰、貪狼、巨門、天相、天梁、七殺、破軍。

前世星辰：左輔、右弼、文昌、文曲。

2.【十二宮位】

田宅	官祿	奴僕	遷移
福德			疾厄
父母			財帛
命宮	兄弟	夫妻	子女

3.【星辰＋十二宮位】

太陰 奴	貪狼 遷	天同 巨門 疾	武曲 天相 財
廉貞 天府 官			太陽 天梁 子
田			七殺 夫
破軍 福	父	紫微 命	天機 兄

4. **藉由個人出生之天干，求出四化星所落的宮位〔算命〕**。

四化曜星：化祿＝A，化權＝B，化科＝C，化忌＝D。

星辰／生年	化祿	化權	化科	化忌
甲	廉	破	武	陽
乙	機	梁	紫	陰
丙	同	機	昌	廉
丁	陰	同	機	巨
戊	貪	陰	右	機
己	武	貪	梁	曲
庚	陽	武	陰	同
辛	巨	陽	曲	昌
壬	梁	紫	左	武
癸	破	巨	陰	貪

5.【星辰＋十二宮位＋四化星組合】

丁年生男命

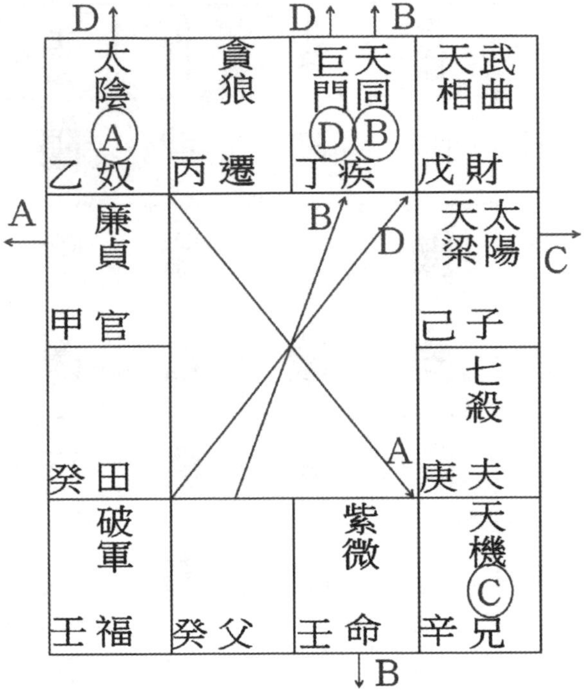

算命的基本【分類】

1. 星辰算命法：論述現象的因緣。
2. 自化算命法：論述吉凶的因緣。
3. 飛星四化算命法：論述空間的因緣。
4. 生年四化算命法：論述時間的因緣。
5. 前世星辰算命法。論述宗教的因緣。

四化算命的【定義】

—四化＝祿、權、科、忌＝M質。
—祿＝A，權＝B，科＝C，忌＝D。
—乃命中注定的事。
—乃永久占有的宮位。
—乃有其象，必有其物。

四化算命的【表達方式】

—論【存在】。

—論【貴人】。

—論【欠債】。

—論【有運】。

【前例實盤解析】

—祿星在奴僕宮，論【貴人】時，表示朋友是貴人，好的人脈就能創造財富。

—權星在疾厄宮，論【有運】時，表示行運走到疾厄宮之三方時就會有事業的好運。

—科星在兄弟宮，論【存在】時，表示此人命中有兄弟姊妹。

—忌星在疾厄宮，論【欠債】時，表示欠自己債，勞碌命，自己有條件才會有貴人。

算命的【獨特技巧】

1. 【論存在】時：祿＝權＝科＝忌。

例如：事業宮有M質

—表示命中的事業有成就的條件。不論它是祿星、權星、科星、忌星皆有成功的條件。

2. 【論內容】時：祿≠權≠科≠忌。

例如：事業宮有M質時

—表示成就的方法皆不同。

—祿星表示賺錢的方式，必須依靠多元化的經營，事業才能成就。

—權星表示賺錢的方式，必須依靠專業、專技的方式，事業才能成就。

—科星表示賺錢的方式，必須依靠名聲、口碑、特色的方式，事業才能成就。

—忌星表示賺錢的方式，必須依靠勞心勞碌、事必躬親的方式，事業才能成就。

肆、神秘的四化世界

四化算命法為紫微斗數之主軸，四化為斗數之用神，更是完整算命法之靈魂所在，其重要性更不可言喻。初學華山派紫微斗數者首先必須學會﹝華山派獨家秘笈﹞基礎算命之四大公式。一是十二宮位要廣義解釋。二是M質論述﹝存在﹞。三是M質再論述﹝內容﹞。四是M質最後論﹝有運﹞。四者缺一不可。所以，算命的角度不同，一定會出現不同的現象與不同的結果。以命宮為例：﹝在人﹞就可以應用四種不同的角度分析。一是以﹝本性﹞的角度分析，二是以﹝才華﹞的角度分析，三是以﹝姻緣﹞的角度分析，四是以﹝內心世界的真我﹞的角度分析，此四種都可以分析出不同的現象與結果。這是初學者進入神秘的四化世界必先學會的本事。現就華山派﹝獨家秘笈﹞基礎算命之四大公式分析如下：

第一公式：【十二宮位必須廣義解釋】

命宮

1. 在人：本性、才華、姻緣、內心世界的真我。
2. 在事：成功個性、先天官祿宮的條件。
3. 在物：意外、情緣、財帛有關的定數。

子女宮

1. 在人：子女、桃花、學生、意外、異性緣。

2. 在事：驛馬、出差、店面。
3. 在物：合夥、合作、加盟。

福德宮

1. 在人：貴人、公媽、祖蔭、積善人家的福報位。
2. 在事：嗜好、興趣、貴人、利害關係的應酬位。
3. 在物：家業、祖業、繼承、宗教角度的因果位。

第二公式：M質先論述【存在】

—論〔存在〕時：祿＝權＝科＝忌

例如：事業宮有M質

—表示命中的事業有成就的條件。不論它是祿星、權星、科星、忌星皆有成功的條件。

第三公式：M質再論述【內容】

—論〔內容〕時：祿≠權≠科≠忌

例如：事業宮有M質時

—表示成就的方法皆不同。

—祿星表示做生意的方式，一定要依靠多元化的經營，事業才能成就。

—權星表示做生意的方式，一定要依靠專業、專技、強求、強要的方式，事業才能成就。

—科星表示做生意的方式，一定要依靠名聲、學術、口碑、特色的方式，事業才能成就。

—忌星表示做生意的方式，一定要依靠勞心勞碌、事必躬親的方式，事業才能成就。

第四公式：M質最後論述【有運】

—論〔有運〕時：祿＝權＝科＝忌

例如：三五／四四大限事業宮有M質

—表示三五／四四大限的事業有升遷或創業的機會。不論它是祿星、權星、科星、忌星皆有升遷或創業的機會。

總之，命理不神秘，神秘的是人，人才會裝神弄鬼騙人，才會以簡單的民間習俗或常識，裝扮成高貴的東西，利用招財、改運、補運、造命、補財庫、補元神、斬桃花……等等令人害怕的事物而進行騙財騙色。華山派命理學以正統的四化，應用公式化、系統化、科學化、人性化的角度分析人事物；以現今社會高度競爭的思維，精準預測人事物未來的吉凶；以日新月異進化的文明想法，滿足現代人追求人生高峰的最大利益。

一、四化如何入門

【簡稱與代號】

1. 四化星代號：祿（A）、權（B）、科（C）、忌（D）＝M質。
2. 十二宮位簡稱：
命宮（命）、兄弟（兄）、夫妻（夫）、子女（子）、財帛（財）、疾厄（疾）、遷移（遷）、奴僕（奴）、官祿（官）、田宅（田）、福德（福）、父母（父）。
3. 紫微星系簡稱：
天機（機）、太陽（日）、武曲（武）、天同（同）、廉貞（廉）。
4. 天府星系簡稱：
太陰（月）、貪狼（貪）、巨門（巨）、天相（相）、天梁（梁）、七殺（殺）、破軍（破）。
5. 前世星辰簡稱：
左輔（左）、右弼（右）、文昌（昌）、文曲（曲）。

【星辰的男女星】

〔紫微（女）星系〕：天機、太陽、武曲（女）、天同、廉貞（丙女）。

〔天府（男）星系〕：太陰（女）、貪狼、巨門（女）、天相、天梁、七殺、破軍（女）。

〔前世星辰男女星〕：左輔、右弼（女）、文昌、文曲（女）。

【人事物的宮位】

〔在人位〕：命、兄、夫、子、奴、父。【六親位】

〔在事位〕：官、疾、遷。

〔在物位〕：財、田、福。

【四化星的因緣】

〔定數〕：論述過去七世因緣，乃命中格局之優勢。

〔在數〕：論述現在進行式的因緣，乃大限之利益。

〔應數〕：論述未來式的因緣，乃人生富貴之規劃。

【運勢的分類】

本命：一生的運。

大限：十年的運。

流年：一年的運。
流月：一月的運。
流日：一日的運。
流時：時辰的運。

【四六合天心】

〈**四化星**〉：

——祿星、權星、科星、忌星合稱四化星。

〈**六爻星**〉：

——祿權、祿科、祿忌、權科、權忌、科忌合稱六爻星。

〈**四六合天心**〉：

——四六合乃天之心，四化＋六爻就形成〈天意〉。天意分兩種形成方式，一是生年四化所組成之〈命中注定的人生故事〉，二是飛星四化所組成之〈自己選擇的人生故事〉。

【何謂自化】

﹝自化的定義﹞：乃本宮與對宮所化出之四化，不能飛到其他宮位謂之。即互為四化或本宮位自己自化才能成立。分「向心力自化」與「離心力自化」兩種。

﹝向心力自化﹞：如左邊命盤田宅宮飛M質到對宮子女宮，官祿宮飛M質到對宮夫妻宮。

﹝離心力自化﹞：如左邊命盤疾厄宮與遷移宮自化的現象。

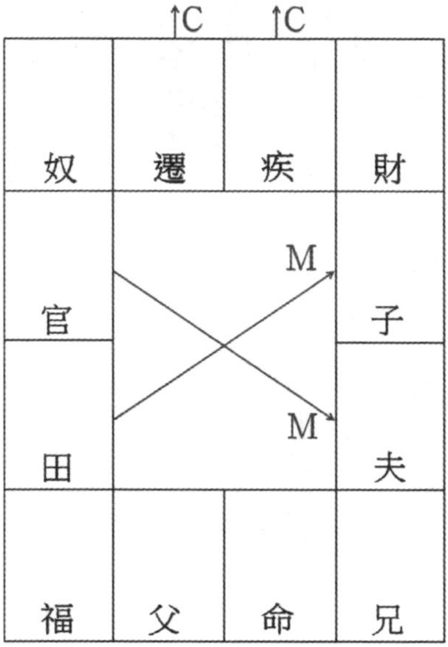

【何謂法象】

【定義】：命盤上飛出之自化或飛星四化，一定要回歸生年四化。就可以看出自化﹝吉凶﹞或飛星四化﹝空間﹞的宮位，跟生年四化有絕對的關係。

【解盤】：官祿宮有自化祿，法象回歸生年祿星，祿星在交友宮。

【結果】：事業成功的條件，必須靠朋友幫忙才能成功。

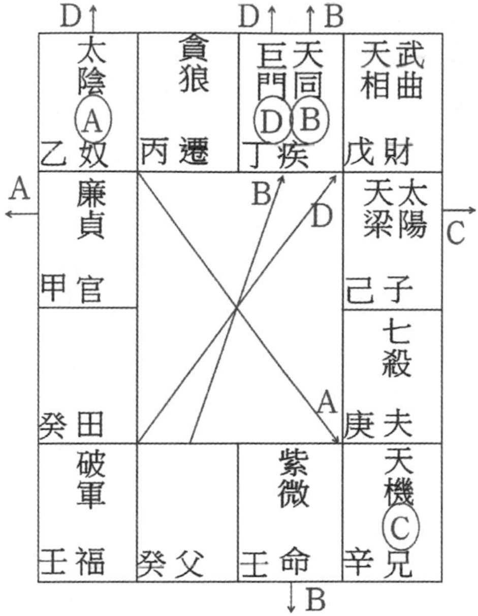

【天地人三命盤】

—在天成象，在地成形，在人成事；即論命要一次活用三種命盤（本命、大限、流年），才算完整的算命方式。

—論流年：一定要本命＋大限＋流年之三種命盤形成相同的現象才能成立。

—論流月：一定要本命＋大限＋流年＋流月之四種命盤形成相同的現象才能成立。

—論流日：一定要本命＋大限＋流年＋流月＋流日之五種命盤形成相同現象才能成立。

本命
大限
流年
流月
流日
流時

【何謂宮位重疊】

【定義】：

乃本命命盤與大限命盤重疊後，依據生年四化之祿、權、科、忌論命，不用其他條件配合，也是完整的論命法。

【命盤】：

	大財	大子	大夫	大兄	
	奴	遷	Ⓓ 疾	財	
大疾	Ⓑ 官			Ⓐ 子	大命
大遷	Ⓒ 田			夫	大父
	福	父	命	兄	
	大奴	大官	大田	大福	

【解盤】

1. 化祿在本子重疊大命
解釋：此大限有子女、桃花。
2. 化權在本官重疊大疾
解釋：此大限工作事必躬親。
3. 化科在本田重疊大遷
解釋：此大限在外買不動產。
4. 化忌在本疾重疊大夫
解釋：此大限夫妻無緣因緣。

【何謂體用關係】

—〔用〕沖〔體〕：大官化忌沖本官，表示此大限之官祿宮亮紅燈—大凶，凶象八〇%。

—〔體〕沖〔用〕：本官化忌沖大官，表示此大限之官祿宮亮黃燈—次凶，凶象六〇%。

—〔用〕入〔體〕：大官化忌入本官，表示此大限之官祿宮亮黃燈—次凶，凶象六〇%。

—〔體〕入〔用〕：本官化忌入大官，表示此大限之官祿宮亮黃燈—次凶，凶象六〇%。

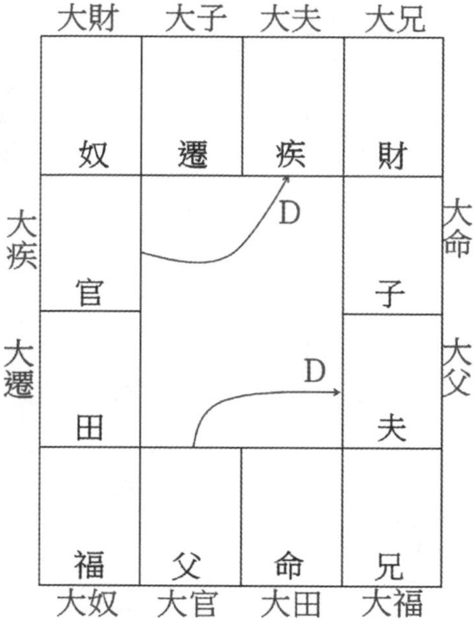

華山派【進階算命】第一大公式

祿〔緣起〕、權〔緣變〕

科〔緣續〕、忌〔緣滅〕

Ⓑ奴	遷	疾	財
Ⓓ官			子
田			夫
Ⓒ福	父	命	Ⓐ兄

化祿在兄—異性因緣會緣起。

化權在奴—朋友因緣會緣變。

化科在福—工作運勢會持續。

化忌在官—事業運勢會結束。

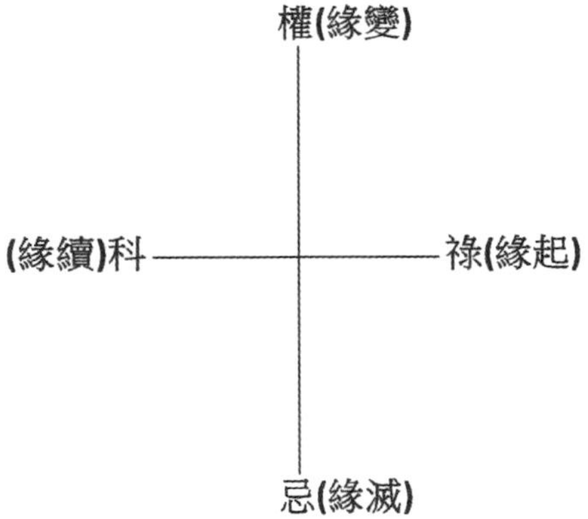

華山派【進階算命】第二大公式

祿（緣）、權（業）

科（情）、忌（債）

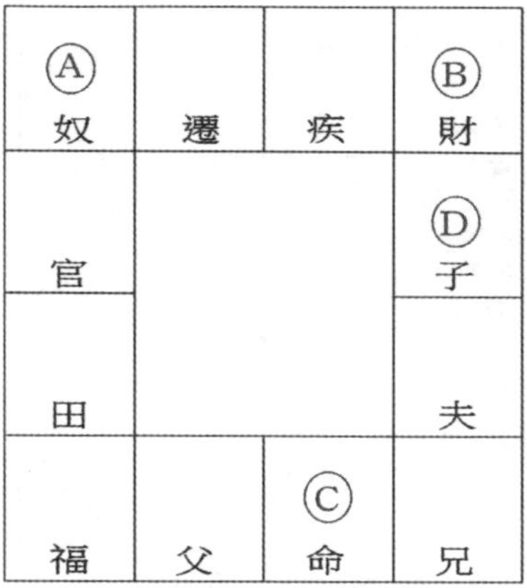

化祿在奴—與朋友有緣。

化權在財—欠賺錢的業。

化科在命—為人重感情。

化忌在子—欠子女的債。

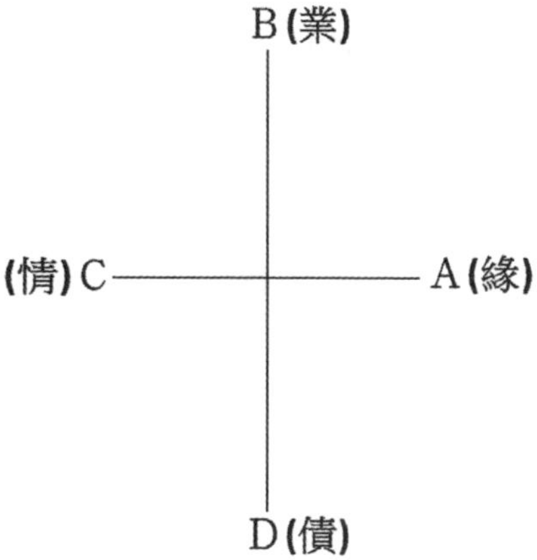

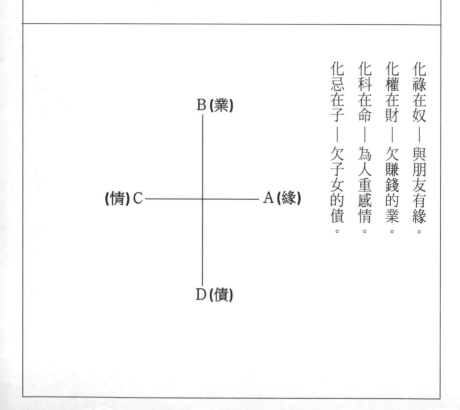

【天盤星辰】

—天府、天機、天梁、天相、天同。

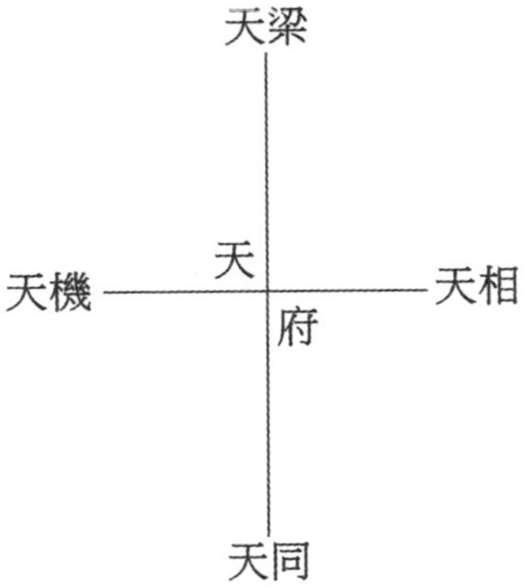

【天盤星辰】

—佛畏因，人畏果。

—相信因果報應，能﹁受教﹂之命格。

—修行者，悟性高，學東西快。

—安祿公，天生天養，有福報之人。

—樂天派，安身養性，人生如寄旅。

—得到什麼？但也會失去什麼？

—代表宮位：機﹁兄﹂、同﹁夫﹂、相﹁子﹂、府﹁財﹂、梁﹁疾﹂。

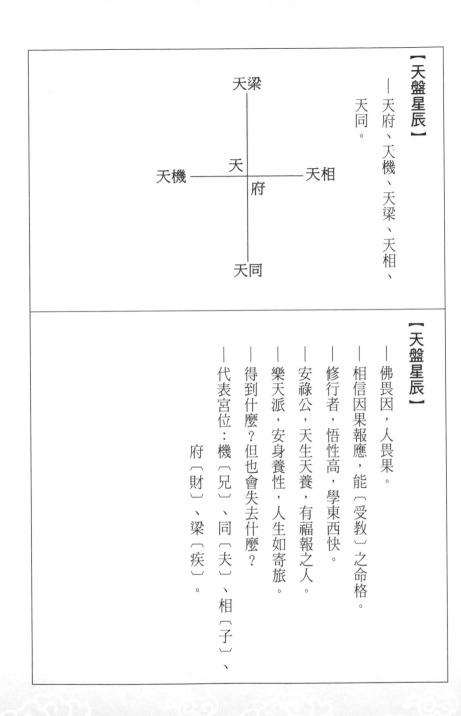

【人盤星辰】

—太陽、太陰、紫微、文昌、七殺。

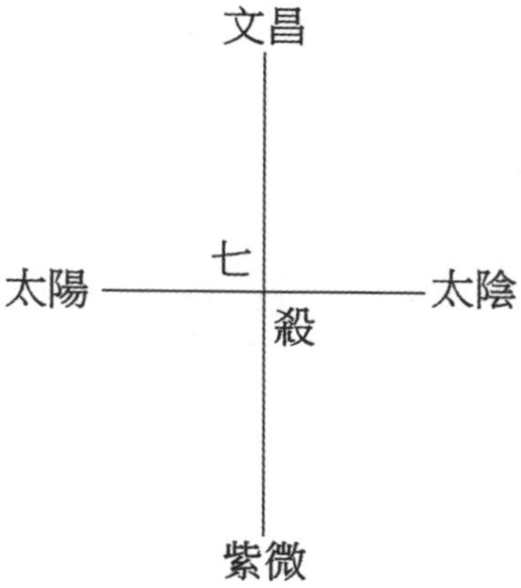

【人盤星辰】

—障道因緣，性不定，故需破我執。

—天性無常，所知障，不利修行。

—在業障中，來世間折磨之人。

—除非此人信你，否則，說了也沒用，很難接受別人的意見。

—人盤星自化，較無所謂。

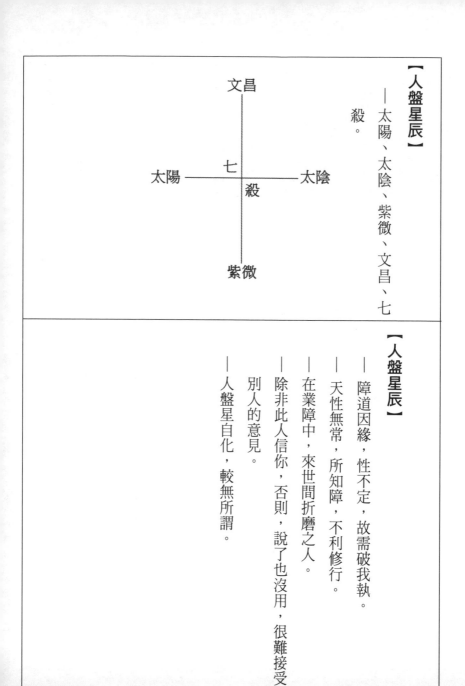

【地盤星辰】

—貪狼、巨門、祿存、文曲、廉貞、武曲、破軍。

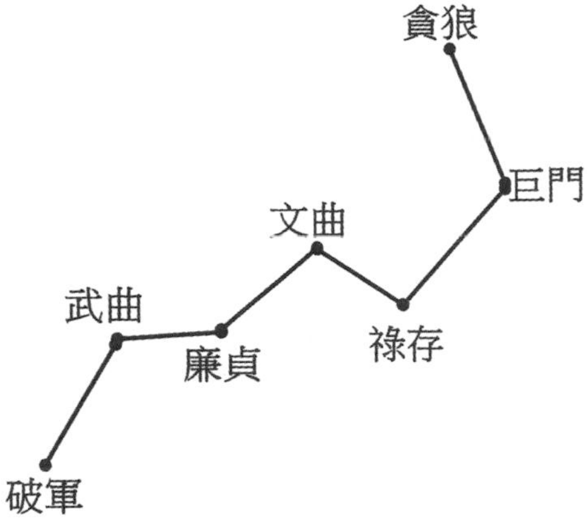

【地盤星辰】

—在世修行之人，富貴乃等待因緣。

—了業、了願、了眾生、了注定。

—一定要踢到鐵板才會相信事實。

—地盤星自化，人生會產生無望感。

—悟性較慢，成就的時間也會較長。

—講消長原理，講得失吉凶。

—命中該有終須有，命中無時莫強求。

【生年四化分類】

1. 有生年有自化—命中俱足的福報，表示現象會變成事實。
2. 有生年無自化—命中該有終須有，表示先天絕對的因緣。
3. 無生年有自化—命中強求的因緣，表示後天強求的因緣。
4. 無生年無自化—命中無時莫強求，表示命中沒有的因緣。

【刑剋父母】

刑剋父母，多麼驚悚的字眼，自古以來，害死了多少小孩慘遭棄養，讓一個好好的家庭子離女散。這群不學無術的傳統命理老師總是告訴問命者，你的小孩命硬，刑剋父母，一定要送給別人家認養，否則剋父、剋母、剋全家。其實，真正命理學之﹝刑剋父母﹞只是論述下列幾種現象而已：

1. 八成會與父母不和，但欠債還債，這是你﹝報恩﹞的好機會。
2. 命中欠父母債的人，上天一定會巧安排讓你有﹝還債﹞的機會。
3. 假如你對父母有太多的抱怨時，表示個人的福報還在遠方。
4. 人生最大的福報是從﹝孝順父母﹞開始，這是今生必須完成的功課。

【感情的定義】

〔前言〕：男女交往滿四個月以上才能稱之為〔一段感情〕，滿一年以上才能稱之為〔正緣〕，感情分正緣、桃花、過客三種緣份。

一、〔正緣〕—對的時間，遇到對的人。傷心指數百分之九〇以上。

—真命天子（天女）的感情，每個人一生中都會有兩次以上的正緣出現。

二、〔桃花〕—不對的時間，遇到對的人。傷心指數百分之七五以上。

—三角關係的感情，不是每個人一生中都會出現的情緣。

三、〔過客〕—不對的時間，遇到不對的人。傷心指數百分之六〇以上。

—過客的感情，只有一個〔衰〕字可以形容，認命吧！下一個會更好。

四、以夫妻為定位—夫妻宮為有緣有份，子女宮為有緣無份。

五、以桃花為定位—子女宮為有緣有份，交友宮為有緣無份。

六、以過客為定位—奴僕宮為有緣有份，其他宮為無緣無份。

【算命是最低的學問】

〔前言〕

命理學已流傳了千年之久，古人論〔富貴貧賤〕，現代人論〔得失吉凶〕；傳統論命方式總是似是而非，似準非準，讓人質疑。華山派論命方式乃預測每一件人、事、物的時間與吉凶，只有準與不準的問題。其實，算命是最低的學問，命理學幾十年來在江湖術士愚民的論述下，只要學一點點皮毛就能籠統的唬唠別人。大眾也已經習慣他們利用簡單式、籠統式、安慰式、恐嚇式……等名詞，順人說話或說一些人聽不懂的鬼話或不敢肯定時間與吉凶的論述。

〔**傳統命理學**〕

—只論現象而已，懂幾招唬人的東西就能闖江湖，論命方式看似準又好像不準。

一、論〔個性〕實例：你本性善良，心很軟，但有點固執。

〔照妖鏡〕：全世界的人都有類似的個性，所以講的是廢話。

二、論〔六親〕實例：你與六親無緣。

〔照妖鏡〕：六親為命兄夫子奴父，人不會與全世界無緣吧！所以講的是廢話。

三、論〔財運〕實例：你三十五歲前會賺到錢。

〔照妖鏡〕：八五%的人都會在三十五歲前賺到第一桶金，所以講的是廢話。

四、論〔感情〕實例：你不能早婚，早婚會離婚。

〔照妖鏡〕：二十八歲前結婚的人不到二〇%，大家都晚婚，所以講的是廢話。

五、論〔前世〕實例：你前世是清朝的生意人，所以很喜歡錢。

〔照妖鏡〕：清朝前世的事，沒有人知道。大家都愛錢，所以講的是鬼話。

〔華山派命理學〕

—乃集〔現象〕、〔時間〕、〔吉凶〕、〔內容〕、〔影響〕、〔改運〕、〔轉運〕等七種科學知識之大成。

〔我現在決定的事〕

一問：我會發生什麼事？
二問：我應該怎麼做？
三問：對我以後有什麼影響？

〔實例〕

1. 搬家會發生什麼事？應該怎麼做？
2. 生小孩帶財或帶衰？應該怎麼做？
3. 離婚後對未來的婚姻有什麼影響？
4. 分手與不分手各會發生什麼事？應該怎麼規劃未來？
5. 下個男人是正緣或三角或過客？應該怎麼規劃未來？

【天下最大的謊話】

江湖術士騙人的伎倆已經流傳很久了，近幾年來，論「星座、生肖」等的不肖之徒更是變本加厲，這些所謂命理老師把一般人分十二種「生肖」或「星座」，無知的將相同生肖一年的事情全部論述一樣的結果；更可笑的是，相同星座每一天的心情、顏色、運勢……或所發生的事情也全部論述一樣的結果。這真是滑天下之大稽，不是無知愚蠢到極限，就是故意欺騙相信他的人。其實，真理與真相只有一個，現象只占算命分類的七分之一，而心情、顏色、生肖……等等現象各只占幾百分之一準確率而已，利用這幾百分之一的準確率來算命，想騙誰啊！

「生肖算法」—將同一生肖，一年中所發生的事情論述一樣的結果，講的是廢話。

「星座算法」—將同一星座，每天的心情或幸運物論述一樣的結果，講的是鬼話。

「華 山 派」—不同時間，相同生肖，所發生每一事件的結果是不一樣的。

—相同時間，不同生肖，所發生每一事件的結果也是不一樣的。

【華山九式秘笈】

第一式【看不到山】：傳統命理，因沒有「定位」，才會東扯西扯的「亂算」。

第二式【看山是山】：生年四化乃「定位」「定時」之鑰，最容易也最快入門。

第三式【看山不是山】：飛星四化將「現象」立體化，最不容易精通的學問。

第四式【看山又是山】：自化將〔時間〕與〔吉凶〕明確化，再次確認了〔內容〕與〔影響〕。

第五式【移步自幻形】：〔流年、大限〕來自宮位的變化，〔體用關係〕確認時間與吉凶。

第六式【宮宮皆天地】：宮宮皆太極，宮宮皆命宮，任何宮位皆能代表其他宮位。

第七式【盡性轉乾坤】：順天命才是〔善因緣〕，不是所謂做好事得到〔好因緣〕。

第八式【華山傳心法】：四化乃〔終究論〕，本來就如此。不要有對錯、是非、吉凶的思維。

第九式【萬法歸華山】：華山派集命理學之大成，乃現象、時間、吉凶、內容、影響、改運、轉運、宗教八種合而為一的學問。

【大限的前後三年】

〔二三／三二大限〕—此大限之前三年，所發生的事一定要與十三／二二大限一樣。

〔三三／四二大限〕—此大限之後三年，所發生的事一定要與四三／五二大限一樣。

〔兩大限間〕—兩大限間之前後三年，人事物所發生的事情一定會跟前後大限一樣。

【宮宮皆乾坤】

一、任何一個宮位都可以單獨（立太極），皆能代表其他十一宮位的現象。
二、任何有效的生年四化，經過五次宮位之互飛，都能求出您要的答案。
三、任何有效的飛星四化，經過五次宮位之互飛，都能求出您要的答案。
四、任何有效的自化組合，經過五次宮位之互飛，都能求出您要的答案。

【三象一物之媒介】

一、祿權格局：媒介在忌星。
二、祿科格局：媒介在忌星。
三、祿忌格局：媒介在權星。
四、權科格局：媒介在忌星。
五、權忌格局：媒介在科星。
六、科忌格局：媒介在祿星。

二、十二宮位的基本內涵

〔**命宮**〕

在人：本性、喜好、才華、姻緣、內心世界真我。

在事：命中優勢、成功個性、先天官祿宮的條件。

在物：意外、情緣、所有人事物有關的定數。

〔**兄弟宮**〕

在人：兄弟、姊妹、母親、朋友、眾生、姻緣。

在事：出外、驛馬、出差、傳銷、業務、外務。

在物：人脈、公關、合作、加盟、保險、傳銷。

〔**夫妻宮**〕

在人：同居、配偶、異性緣、緣份的對待關係。

在事：共業、格局、事業、先天事業生滅關係。

在物：感情的關係、婚姻的條件、相處的對待。

〔**子女宮**〕

在人：子女、桃花、學生、意外、姻緣。
在事：出外、驛馬、出差、傳銷、業務、外務。
在物：人脈、公關、合夥、合作、加盟、乾股。

〔**財帛宮**〕

在人：本性、人緣、對象、姻緣、配偶。
在事：上班、事業、創業、才華、專業。
在物：獨資、投資、投機、理財、財運。

〔**疾厄宮**〕

在人：思維、脾氣、疾病、個人喜好。
在事：勞力、勞碌、勞心、事必躬親。
在物：災厄、意外、健康、美容養生。

〔**遷移宮**〕

在人：個性、姻緣、老運、外人對我的觀感。
在事：驛馬、業務、外務、包裝自己或產品。
在物：留學、出國、移民、出外的一切因緣。

〔**奴僕宮**〕

在人：朋友、部屬、同事、員工、過客緣份。

在事：異性緣、眾生情、朋友義、人際關係。

在物：人脈、傳銷、業務、外務、依靠關係。

〔**官祿宮**〕

在人：本性、同事、情緣、先天優勢的條件。

在事：工作、事業、職業、先天成功的條件。

在物：功名、考試、學校、先天富貴的條件。

〔**田宅宮**〕

在人：家族、親戚、小家庭、家族企業的格局。

在事：搬家、意外、店面、工廠、事業的格局。

在物：家業、祖業、繼承、先天不動產的格局。

〔**福德宮**〕

在人：貴人、公媽、祖蔭、積善人家的福報位。

在事：嗜好、興趣、貴人、利害關係的應酬位。

在物：家業、祖業、繼承、宗教角度的因果位。

〔**父母宮**〕

在人：父母、長輩、上司、貴人、老闆、神明。

在事：升官、創業、考試、公家、學校、銀行。

在物：讀書、技能、合作、加盟、客源、上游。

三、四化與六爻的基本內涵

紫微斗數以四化為用神，分五大類，一是星辰，二是生年四化，三是飛星四化，四是自化，五是前世星辰。其中，以生年四化＋自化為時間與吉凶之大架構，以飛星四化為人生內容之大架構。飛星四化的現象等於生年四化＋自化的現象總和。四化為祿、權、科、忌（因緣定數位），六爻為祿權、祿科、祿忌、權科、權忌、科忌（絕對時空位）。而四六合乃天之心，天意之定數，前世之果報，又如何能夠了解明白？上天祂藉由單象四化與雙象六爻之象意來告訴研究命理者，如何推究人、事、物之緣份。四化與六爻運用在命盤上，看似錯綜複雜，變化萬千；然而，帶入公式組合後，出現的只是人生運勢上，緣起、緣變、緣續、緣滅之人、事、物的因緣而已。此乃紫微斗數論運的內涵，並非江湖術士把命理與宗教結合後，藉著宗教神秘色彩及問命者面對人生無常生滅之恐懼而妄下斷語。

〔**祿星的緣份**〕

──祿星的因緣是廣結下，才有善的緣份，最喜歡或最愛的人事物最無情。

〔**權星的緣份**〕

──權星的因緣是是非、競爭、衝突的緣份，表示您已經在成功的路上。

〔**科星的緣份**〕

—科星的因緣是名聲、口碑、特色的緣份，才是人生的最大利益。

〔**忌星的緣份**〕

—忌星的因緣是禍福相依的緣份，也就是災厄的當下，福報已生。

祿權科忌的星性本來沒有吉凶，可是當您使用了祂，祂就馬上產生質量的變化，有了得失吉凶，有了愛恨情仇，有了富貴貧賤。上天總是喜歡捉弄人，貓喜歡吃魚，貓不能下水；魚喜歡吃蚯蚓，卻不能上岸。人生就是那麼奇妙，父母先給了我們〔命〕，我們再選擇了事業的〔運〕，最後經過華山派老師〔對的〕生涯規劃，才有了美麗的人生。

祿權科忌應用在天、地、人三種命盤後，出現的是現象、時間、吉凶、內容、影響、改運、轉運、小人、貴人、敵人、生肖、三世因果、七世姻緣……等等因緣。即本命命盤＋大限命盤＋流年命盤三種命盤立體重疊後，則人一生之富貴貧賤、十年之運勢起伏、流年之吉凶得失，皆一目瞭然。

現就本命命盤、大限命盤、流年命盤與四化、六爻的關係分析如下：

〔在天成象〕—本命命盤論述先天注定的因緣〔現象〕。

〔在地成形〕—大限命盤論述後天運勢的吉凶〔時間〕。

〔在人成事〕—流年命盤論述現在決定的事情〔吉凶〕。

〔**本命命盤**〕：

—在十二宮位可以單獨解釋四化。（如附表）

例如：夫妻宮坐生年忌星，表示有虧欠、口角、衝突、傷害之無緣對待關係。
—在六爻之各種人、事、物的現象。（如附表）
例如：官祿宮坐生年權星忌星，表示人生重點必須學會專業、專技、專家、專才。

〔**大限命盤**〕：
—在十二宮位可以單獨解釋四化。（如附表）
例如：大命化權星，表示此大限可以升官或創業。
—在六爻之各種人、事、物的現象。（如附表）
例如：大命坐忌星重疊本命官祿宮，表示此大限事業有緣起或緣滅的分界點。

〔**流年命盤**〕：
—論〔本命〕：乃由生年四化之雙象命盤【定格局】。
—論〔大限〕：一定要本命＋大限二盤形成【相同現象】。
—論〔流年〕：一定要本命＋大限＋流年三盤形成【相同現象】。
—論〔流月〕：一定要本命＋大限＋流年＋流月四盤形成【相同現象】。
—論〔流日〕：一定要本命＋大限＋流年＋流月＋流日五盤形成【相同現象】。
—這是絕大部分傳統命理老師不會的算命方式，也是一般讀者最不容易分辨清楚的命盤，不是流年論命法用流年命盤推論，而是本命命盤＋大限命盤＋流年命盤三者合一，體與用的關係產生〔相同的現象〕，才能論斷流年的吉凶。

四化星基本內涵：祿星在人、事、物應該怎麼解釋

四化／項目	祿（緣起）
人	1. 新歡：不同人又起。 2. 窮則變，變則通。 3. 不能定性才能開智慧。 4. 有人蔭乃因自己捨得付出。 5. 有方向或有目的的堅持。 6. 商場上呈現魅力，到處留情。 7. 適合隨緣、廣緣、開拓新客緣。 8. 聰明、悟性高、反應快是天性。 9. 多元化的方向是人生必須走的路。 10. 唯一最愛最喜歡的人最無情。 11. 改變初衷才能找到人生的方向。 12. 廣結後才能找到善的因緣。
物	1. 加薪、升遷、獎金。 2. 創業、擴大、貴人助。 3. 外包、按件計酬。 4. 資金流通快的行業。 5. 武市、夜市、菜市場。 6. 短期投資的生意。 7. 商學院、醫學院。 8. 買空與賣空的生意。 9. 仲介費與傭金收入。 10. 公關行銷的人才。 11. 不長久的因緣。
事	1. 主管、老闆命。 2. 階段性的事業。 3. 業務、外務。 4. 公關、外場。 5. 兼職而不專職。 6. 新的因緣變化。 7. 適合兼職轉投資。 8. 賺錢人會變聰明。 9. 求新求變的事業心。 10. 奸巧現實成就高。 11. 對象無特定的族群

四化星基本內涵：權星在人、事、物應該怎麼解釋

四化／項目	權（緣變）
人	1. 多情、重情、對內之親情。 2. 專制、革新、威嚴、領導。 3. 愛現、任性、爭執、衝突。 4. 當仁不讓、事必躬親。 5. 怨憎會，愛別離。 6. 面對人生之突發與突變。 7. 為目的、理想可以攀富貴。 8. 孤獨孤單是成功者的天命。 9. 無奈面對人生無常的變化。 10. 掌權時要呈現霸氣與王氣。 11. 急流勇退可保長久的利益。
物	1. 加薪、升遷、獎金。 2. 創業、擴大、貴人助。 3. 技能、專業、創作。 4. 業務、外務。外交。 5. 工程、管理、戰略。 6. 科學與理化工科系。 7. 熱情、熱心、熱忱。 8. 突出、突顯、突破。 9. 意外、傷害、不怕死。 10. 行動派的動態行為。 11. 是非、競爭、衝突。
事	1. 成就、勞心、調動、升遷。 2. 主管、老闆、專業、師格。 3. 事必躬親、自然之變。 4. 能幹、本事、重原則。 5. 新的裡面產生變化。 6. 不到黃河心不死。 7. 為理想而努力前進。 8. 對事業用力，不能客氣。 9. 創新、革新、革命之心。 10. 不能持久性——天變。 11. 擇善固執，無怨無悔。 12. 條件差，表現在脾氣。

四化星基本內涵：科星在人、事、物應該怎麼解釋

四化＼項目	科（緣續）
人	1. 思春、舊愛、桃花、異性緣。 2. 重複、麻煩、囉嗦、矛盾心。 3. 文靜、斯文、風度、幽默感。 4. 愛面子、寂寞心、深情款款。 5. 依賴、依附、小鳥依人的心。 6. 追求真愛的心長久不變。 7. 回顧性——多愁善感。 8. 理想性——知音難逢。 9. 愛心、細心、耐心之人。 10. 假會是人生最大的敵人。 11. 感覺、感性、重感情之人。 12. 不許人間見白頭。
物	1. 才藝、藝術、設計。 2. 文書、教學、行政。 3. 幕僚、參謀、顧問。 4. 文學院、農學院。 5. 思考型的靜態行為。 6. 室內與庭園設計。 7. 花藝、婚紗、晚會。 8. 文藝、寫作、出書。 9. 電視與電影的東西。 10. 演員、影歌星。 11. 所有美的事物。 12. 心理、心靈、哲學。
事	1. 名聲、口碑、聲望高。 2. 守舊、守成、守舊愛。 3. 保守心讓人易失良機。 4. 最好的幕後功臣。 5. 不想作主的思維。 6. 對情愛不喜歡變心。 7. 為臣不為君的人。 8. 已有的事業會持續。 9. 興趣、專業、堅持。 10. 為完美而努力前進。 11. 天生追求夢想的人。

四化星基本內涵：忌星在人、事、物應該怎麼解釋

四化／項目	忌（緣滅）
人	1. 內向、在意、執著、守舊。 2. 固執、嘮叨、勞心又勞碌。 3. 虧欠、怨嘆、溺愛、無緣。 4. 摩擦、爭執、是非、報復。 5. 自私、自利、靠自己。 6. 想不開、放不下、捨不得。 7. 還前世因果之債。 8. 有限制的情、愛、緣份。 9. 不是結束就是開始。 10. 先做再講是天性。 11. 挫折、失敗後才會認命。 12. 保護自己的心不會變。 13. 失敗為成功之母。
物	1. 現金、收藏。 2. 災厄、傷害、意外。 3. 重視財帛之安定性。 4. 不安寧的住宅。 5. 東西不喜歡他人使用。 6. 忌不知死、權不怕死。 7. 短期、短線交易行為。 8. 快速變化的人事物。 9. 人事物的緣份不長久。 10. 凡事靠自己的心。 11. 棄舊迎新因緣起。 12. 性空後，新緣起。
事	1. 辛苦、不順、困擾、阻礙。 2. 不知變通上班族的心態。 3. 再次緣份是成功的開始。 4. 事必躬親，凡事靠自己。 5. 事業面臨有無的分界點。 6. 舊愛有不利的因緣變化。 7. 對事業用力，不能假會。 8. 擇善固執，常誤判情勢。 9. 占有的一切捨不得放棄。 10. 想安定卻不得安定。 11. 戲棚下站久者得利。

項目＼雙象	祿權
特性	1. 本性適合奸巧、現實、能屈能伸。 2. 人生重點必須學會有錢人的想法。 3. 人生要把握兩次賺大錢的機會。 4. 商場上互相廝殺的生意人。 5. 主管、主官、老闆的命。 6. 小格局會聰明反被聰明誤。 7. 利大於名乃事業成就之天性。 8. 先天俱足，愛財才能成就事業。 9. 人、事、物有目地的情緣。 10. 〔格成〕是生意人，〔格不成〕是金光黨。 11. 上班要幹掉同事，創業要幹掉同行。

項目＼雙象	權科
特性	1. 本性適合跟美有關的工作或事業。 2. 人生重點必須學會興趣、專業、堅持。 3. 人生把握兩次讀書或學東西的機會。 4. 曲，迂迴轉進才能成功。 5. 所有才藝或專業之師字輩。 6. 適合參謀、幕僚、顧問之工作。 7. 才藝、設計、生活、養生的事業。 8. 以專技、才藝、老師為主的行業。 9. 〔格成〕是傳承人，〔格不成〕是偏才。 10. 名聲、口碑、特色是經營理念。 11. 同行、同類、同門、同派的因緣。

六爻星基本內涵：祿科、權忌的特性

項目／雙象	特性
祿科	1. 本性適合以柔克剛、以和為貴。 2.〔格成〕組成團隊，〔格不成〕上班。 3. 把握兩次跟對公司或人的機會。 4. 穩定中才能發展的命格。 5. 男女戀情在不知不覺中墜入情網。 6. 命中注定巧藝安身的命格。 7. 先天安穩的生意才能長久。 8. 人生重點必須學會依靠口碑賺錢。 9. 富貴不是強求，而是等待而來。 10. 愛錢錢在遠方，名聲才能長久。
權忌	1. 本性適合獨立、能幹、競爭、攻擊。 2. 人生重點必須學會專業、專技、專才。 3. 人生要把握兩次升官或創業的機會。 4. 善變、突變、無奈之人生際遇。 5. 天地人、事、物之定位、定緣、天份。 6. 先忌後權，環境倍加辛苦。 7. 專業、專技、刑事之師字輩。 8. 以技能或專業為主之行業。 9. 面對了業、還債、多變之前世今生。 10.〔格成〕是執行長，〔格不成〕是幫凶。 11. 上班要幹掉同事，創業要幹掉同行。

六爻星基本內涵：祿忌、科忌的特性

項目／雙象	祿忌
特性	1. 本性適合現實利益，不能選擇人情。 2. 人生重點必須學會往前走、向上爬。 3. 人生要把握兩次改變自己的機會。 4. 直，人生不走回頭路。 5. 現金買賣之投資。 6. 投機的生意格是天性。 7. 財帛、情感永遠與人扯不清。 8. 有兩段不一樣的人生。 9. 人生必須學會第二專長。 10. 有幹掉別人或被別人幹掉的天性。 11. 〔格成〕時尚族，〔格不成〕過客。

項目／雙象	科忌
特性	1. 本性改變時要棄舊迎新，追求未來。 2. 人生重點是把握兩次堅持事業的機會。 3. 人生要把握兩次讀書或學東西的機會。 4. 勇敢學習第二專長，成功才能延續。 5. 藕斷絲連、拖拖拉拉之性格。 6. 人生必先經歷忌星後，才能安定。 7. 面對嘮叨、怨嘆、糾纏、是非之因緣。 8. 以學術、才藝、勞碌性為主的行業。 9. 〔格成〕是幕僚長，〔格不成〕是村姑。 10. 改變以前的自己才能找到人生方向。

四、四化在十二宮位淺釋

〔命宮〕

祿：保守的心會困住自己，命中的貴人要在眾生尋找。

權：命中先靠自己，自己有條件後貴人才會出現。

科：人生遇瓶頸時，讀書或學東西可以改運。

忌：有想不開、放不下、捨不得的天性。

〔兄弟宮〕

祿：兄弟如朋友，利害關係，財運才能旺旺來。

權：兄弟是貴人，盡力幫忙，事業才能往上爬。

科：兄弟情份濃，和平相處，家庭才能樂融融。

忌：兄弟相欠債，放下恩怨，人生才能往前走。

〔夫妻宮〕

祿：必須經過一次以上的情傷，才能找到真命天子（天女）。

權：條件好的對象是正緣，溫柔體貼的對象只是無情的人。

科：天賜良緣前世定，感恩的心，夫妻才能白頭偕老。
忌：愛恨情仇天注定，折磨的感情，人生才會變彩色。

〔**子女宮**〕

祿：自然發展，子女才能成龍成鳳。
權：打罵干涉，子女才能成龍成鳳。
科：愛的教育，子女才能成龍成鳳。
忌：以身作則，子女才能成龍成鳳。

〔**財帛宮**〕

祿：廣結善緣，事業投資才能賺大錢。
權：專業專技，事業投資才能賺大錢。
科：名聲口碑，事業投資才能賺大錢。
忌：事必躬親，事業投資才能賺大錢。

〔**疾厄宮**〕

祿：利益眾生的心，事業才能更上一層樓。
權：強求強要的心，事業才能更上一層樓。

科：薪火傳承的心，事業才能更上一層樓。
忌：任勞任怨的心，事業才能更上一層樓。

〔**遷移宮**〕

祿：出外逢貴天注定，兩地奔波富貴才能流長。
權：出外逢貴天注定，成名在外富貴才能流長。
科：出外逢貴天注定，定居外鄉富貴才能流長。
忌：出外逢貴天注定，落葉歸根富貴才能流長。

〔**奴僕宮**〕

祿：朋友是貴人，生意上的朋友才是貴人。
權：朋友是貴人，條件好的朋友才是貴人。
科：朋友是貴人，對我好的朋友才是貴人。
忌：朋友是貴人，出賣我的朋友才是貴人。

〔**官祿宮**〕

祿：創業的心，才是事業成就的條件。
權：專業的心，才是事業成就的條件。
科：成名的心，才是事業成就的條件。

忌：勞碌的心，才是事業成就的條件。

〔田宅宮〕

祿：生意圈的房子為事業成功的緣起點。

權：豪華型的房子為事業成功的緣起點。

科：設計好的房子為事業成功的緣起點。

忌：格局小的房子為事業成功的緣起點。

〔福德宮〕

祿：香火傳承的人，積善人家種福田。

權：家業繼承的人，積善人家種福田。

科：光宗耀祖的人，積善人家種福田。

忌：照顧娘家的人，積善人家種福田。

〔父母宮〕

祿：老闆的命，必須經過業務外務的歷練才能賺大錢。

權：老闆的命，必須經過競爭衝突的歷練才能賺大錢。

科：老闆的命，必須經過名師明師的歷練才能賺大錢。

忌：老闆的命，必須經過失敗打擊的歷練才能賺大錢。

五、忌星的了業與還債

1. 本宮與對宮的關係

例如：忌在命，對宮就是遷；忌在遷，對宮就是命。
忌在兄，對宮就是奴；忌在奴，對宮就是兄。
忌在夫，對宮就是官；忌在官，對宮就是夫。
忌在子，對宮就是田；忌在田，對宮就是子。
忌在財，對宮就是福；忌在福，對宮就是財。
忌在疾，對宮就是父；忌在父，對宮就是疾。

本宮	對宮
命	遷
兄	友
夫	官
子	田
財	福
疾	父

2. 忌入的宮位會︹無緣︺

—︹人事物︺：亮黃燈。

—對︹事︺：現象為不順。

—對︹物︺：現象為有災。

—對︹人︺：現象為聚少離多。

︹忌︺在命——————︹忌︺在遷

︹忌︺在兄——————︹忌︺在友

︹忌︺在夫——————︹忌︺在官

︹忌︺在子——————︹忌︺在田

︹忌︺在財——————︹忌︺在福

︹忌︺在疾——————︹忌︺在父

3. 忌冲的宮位會︹無情︺

—︹人事物︺：亮紅燈。

—對︹人︺：有五種現象為死亡、意外、重病、分開、衝突。

—對︹物︺：有五種現象為不順、變小、損財、中斷、結束。

—對〔事〕：有五種現象為換工作、換地點、換老闆、換單位、換產品。

〔忌〕在命————沖遷
〔忌〕在兄————沖友
〔忌〕在夫————沖官
〔忌〕在子————沖田
〔忌〕在財————沖福
〔忌〕在疾————沖父
〔忌〕在遷————沖命
〔忌〕在友————沖兄
〔忌〕在官————沖夫
〔忌〕在田————沖福
〔忌〕在福————沖財
〔忌〕在父————沖疾

六、七世因緣

【何謂七世因緣】

第一世—本命命宮之飛星四化。

第二世至第四世—生年四化之祿權科忌。

第五世至第七世—前世星辰之左右昌曲。

【前世因緣】

—若問前世因，今生受者是。

—左右昌曲乃前世之黑盒子。

—祿、權、科乃前世應得的福報【愛的禮物】，只要個人努力去爭取，一定可以得到意想不到的收穫。

—忌星乃前世未完成的折磨事【禍福相依】，今生必須經過一段長時間的折磨，才能在不同之人事物上得到回報。忌星的特性是折磨的當下，福報已生；也就是災厄與福報是重疊的。切記，當折磨者有太多的怨恨時，表示前世的業障未了，上天要給你的福報還在遠方。

【業障因緣】

—〔命之緣〕：命之緣論〔本來如此〕，清楚了，富貴才會來。

—〔忌之災〕：忌之災論〔性空緣起〕，認命了，富貴才會來。

—〔左之報〕：左之報論〔真空妙有〕，不想了，富貴才會來。

—〔右之因〕：右之因論〔無中生有〕，天給了，富貴才會來。

—〔昌之業〕：昌之業論〔業障不亡〕，知命了，富貴才會來。

—〔曲之果〕：曲之果論〔果報自受〕，想通了，富貴才會來。

【左輔災厄】：左輔之煞，你永遠看不到。如何化解？〔六度萬行〕消業障。

—放生：命遷盤，上敬諸佛，下放眾生。

—持戒：兄友盤，一以貫之，始終如一。

—精進：夫官盤，活到老，學到老。

—忍辱：子田盤，忍辱負重，堅持到底。

—布施：財福盤，花錢消災，花錢得到福報。

—禪行：疾父盤，自渡後才能渡人。

七、前世今生的輪迴

【來因宮】

【定義】：與生年天干相同的宮位天干謂之。

—來因宮是前世未了的因緣。

—來因宮是過去因緣的來時路。

—來因宮是前世與今生的銜接處。

【來因宮＋祿權科忌的解釋如下】

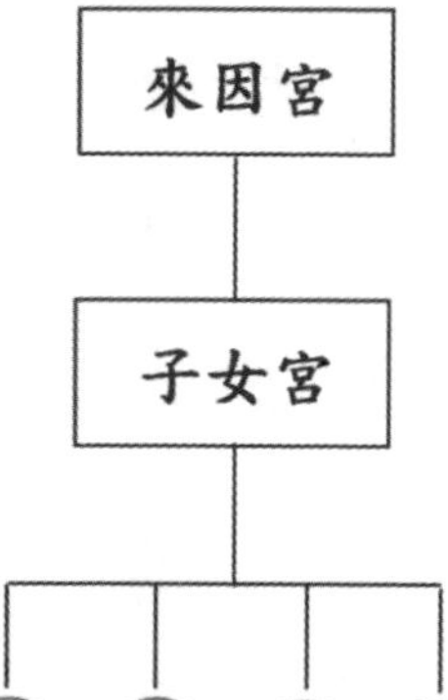

祿 在命　宮：命中有子女。

權 在遷移宮：搬家後才有子女。

科 在官祿宮：有子女後才能創業。

忌 在福德宮：子女是香火傳承人。

八、大家不知道的事

【變壞排行榜】：一、福德宮化忌。二、父母宮化忌。三、命宮化忌。

【考試排行榜】：一、父母宮化科。二、官祿宮化科。三、命宮化科。

【自殺排行榜】：一、父母宮化忌。二、遷移宮化忌。三、子女宮化忌。

【意外排行榜】：一、父母宮化忌。二、遷移宮化忌。三、子女宮化忌。

【敗訴排行榜】：一、疾厄宮化忌。二、父母宮化忌。三、左輔、文昌在父母宮。

【破財排行榜】：一、財帛宮有左輔星。二、福德宮化忌。三、財帛宮化忌。

【格局排行榜】：一、左右或昌曲在官。二、左右或昌曲在命。三、左右或昌曲在財。

【賺錢排行榜】：一、左右或昌曲在財。二、左右或昌曲在官。三、左右或昌曲在命。

【公職排行榜】：一、父母宮有M質。二、官祿宮化科。三、命宮化科。四、財帛宮化科。

【三角排行榜】：一、子女宮有M質。二、奴僕宮有M質。三、一個宮位三個M質。

【感情排行榜】：一、夫妻宮有M質。二、子女宮有M質。三、一個宮位兩個M質。

【老闆排行榜】：一、父母宮有M質。二、官祿宮有祿、權星。三、命宮有祿、權星。

【事業心排行榜】：一、官祿宮化權。二、父母宮化權。三、命宮化權。四、財宮化權。

【暴發戶排行榜】：一、昌曲＋M質在福。二、昌曲＋M質在父。三、昌曲＋M質在財。

九、格局論【成功的個性】

一、格局的分類

【何謂本宮與對宮】

本宮		對宮
命	————	遷
兄	————	友
夫	————	官
子	————	田
財	————	福
疾	————	父

【何謂單象命盤】

【定義】：生年四化星之本宮＋對宮合起來只有一個M質謂之。

命＋遷兩宮位只有一個M質。

兄＋友兩宮位只有一個M質。

夫＋官兩宮位只有一個M質。

子＋田兩宮位只有一個M質。

財＋福兩宮位只有一個M質。

疾＋父兩宮位只有一個M質。

【命盤實例】乙未年男命

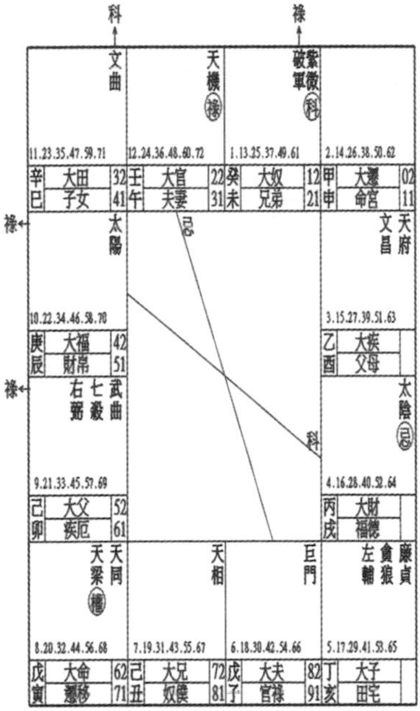

【何謂雙象命盤】

1. 任何一個宮位有兩個M質。
2. 本宮與對宮各有一個M質。
3. 一個宮位有三個M質。
4. 雙象命盤單獨論命，也是完整的論命方式之一。

【命盤實例】己酉年女命

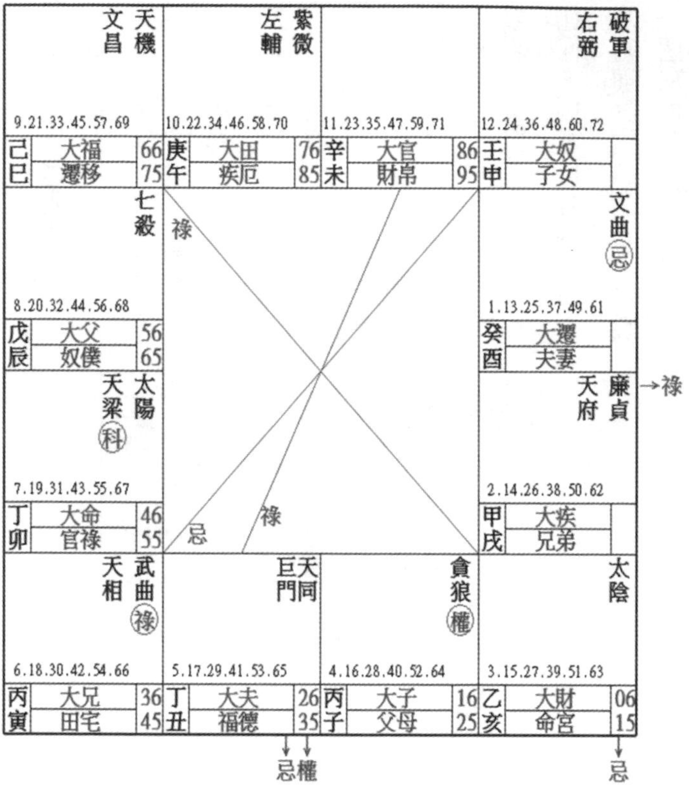
天機 文昌
9.21.33.45.57.69
己巳 大福 遷移 66 75
紫微 左輔
10.22.34.46.58.70
庚午 大田 疾厄 76 85
11.23.35.47.59.71
辛未 大官 財帛 86 95
破軍 右弼
12.24.36.48.60.72
壬申 大奴 子女
七殺
8.20.32.44.56.68
戊辰 大父 奴僕 56 65
文曲 忌
1.13.25.37.49.61
癸酉 大遷 夫妻
太陽 天梁 科
7.19.31.43.55.67
丁卯 大命 官祿 46 55
廉貞 天府
→祿
2.14.26.38.50.62
甲戌 大疾 兄弟
武曲 天相 祿
6.18.30.42.54.66
丙寅 大兄 田宅 36 45
天同 巨門
5.17.29.41.53.65
丁丑 大夫 福德 26 35
貪狼 權
4.16.28.40.52.64
丙子 大子 父母 16 25
太陰
3.15.27.39.51.63
乙亥 大財 命宮 06 15
祿
忌
祿
忌權
忌

二、成功的個性

【單象命盤論富貴命格】：也是完整的論命方式之一

〔命、財、官有M質〕：為自力更生命格，解釋依靠自己的努力就能成功。

〔兄、友、遷有M質〕：為出外逢貴命格，解釋出外才能找到發展而成就事業。

〔夫、疾有M質〕：為天賜良緣命格，解釋緣份天注定，正宮娘娘的命。

〔父、子有M質〕：為博學旺運命格，解釋讀書或學東西可以改運。

〔福、田有M質〕：為祖蔭福報命格，解釋少數興趣賺大錢的人。

【雙象命盤論富貴命格】：也是完整的論命方式之一

【祿權命格】：尊星高照格

〔上天禮物〕：錢。

〔命格成敗〕：生意人與金光黨。

〔劉　邦〕：大丈夫當如是也。

〔文章解釋〕：男人應該跟大人物一樣有企圖心，才能成就一番事業。

〔成功定義〕：命中注定是主管、老闆、專業的命格。

〔成功個性〕：成功要有聰明、奸巧、強求、能屈能伸的心態。

〔成功方向〕：當別人說你能幹時，表示你已經在成功路上。

【祿科命格】：因緣共業格

〔上天禮物〕：人。

〔命格成敗〕：團隊人與上班族。

〔布袋和尚〕：手把青秧插滿田，低頭便見水中天；心地清淨方為道，退步原來是向前。

〔文章解釋〕：命中的富貴不是強求而來，而是等待因緣成熟時。

〔成功定義〕：為臣不為君，穩定中才能求發展的格局。

〔成功個性〕：成功要有以柔克剛、以退為進、以和為貴的心態。

〔成功方向〕：改變以前失敗的做法，人生才會變彩色。

【祿忌命格】：楊花水性格

〔上天禮物〕：才。

〔命格成敗〕：時尚族與過客。

〔徐　志　摩〕：悄悄的我走了，正如我悄悄的來；我揮一揮衣袖，不帶走一片雲彩。

〔文章解釋〕：分手是為了走更長遠的路，落花不是無情物，化作春泥更護花。

〔命格定義〕：西瓜偎大邊與棄舊迎新乃成功不變的定律。

〔成功個性〕：成功要有往上爬、向前衝、求新求變的心態。

﹝成功方向﹞：人生面臨抉擇時，利益的方向是生機。

【權科命格】：巧藝安身格

﹝上天禮物﹞：名。
﹝命格成敗﹞：傳承人與偏才。
﹝楚　留　香﹞：千山我獨行，不必相送……雲彩揮去卻不去，贏得一身清風。
﹝文章解釋﹞：成功的路上總是孤獨，必須經過﹝興趣、專業、堅持﹞的長久過程。
﹝命格定義﹞：培養興趣，變成專業，為理想而堅持到底是成功的個性。
﹝成功個性﹞：一技之長是人生最大福報的心態才能成功。
﹝成功方向﹞：在同行、同類、同門、同派的因緣中才能嶄露頭角。

【權忌命格】：物競天擇格

﹝上天禮物﹞：權。
﹝命格成敗﹞：執行長與幫凶。
﹝項　　羽﹞：吾可取而代之。
﹝文章解釋﹞：必須勇敢接受人生任何的挑戰，才能成就大事業。
﹝命格定義﹞：天生活在舞台上的男主角，不是幹掉別人就是被別人幹掉。

〔成功個性〕：成功要有面對是非、不怕競爭、主動攻擊的心態。
〔成功方向〕：成功的機會，總是在別人攻擊你之時。

【科忌命格】：冬藏蛻變格

〔上天禮物〕：人。
〔命格成敗〕：幕僚長與村姑。
〔杜　秋　娘〕：勸君莫惜金縷衣，勸君惜取少年時；有花堪折直需折，莫待無花空折枝。
〔文章解釋〕：人生的重點是把握兩次堅持事業的機會，不能為愛而改變初衷。
〔命格定義〕：安逸與被動會讓人錯失良機。
〔成功個性〕：成功要有窮則變，變則通，求新求變的心態。
〔成功方向〕：往前走的心，可以化解過去怨恨的輪迴。

三、格局的特性：

【祿權格】

〔格成〕—表現的是〔奸〕。

—賺錢時，才會表現出能幹與奸巧的天性。

〔格敗〕—表現的是〔柔〕。

—失敗後，求生存會看別人臉色。

【祿科格】

〔格成〕—表現的是〔穩〕。

—賺錢時，才會表現出想衝事業的天性。

〔格敗〕—表現的是〔番〕。

—人生沒方向，常常會無所適從。

【祿忌格】

〔格成〕—表現的是〔硬〕。

—賺錢時，才會表現出狠角色的天性。

〔格敗〕—表現的是〔怕〕。

—被人幹掉後，遇事會心生害怕。

【權科格】

〔格成〕—表現的是〔文〕。

—賺錢時，才會表現出假會的天性。

〔格敗〕—表現的是〔假〕。

—表現不如人，常會以假面具對人。

【權忌格】

〔格成〕—表現的是〔衝〕。

—賺錢時，才會表現出創新革新的天性。

〔格敗〕—表現的是〔壞〕。

—主角當不成，變成壞人的幫兇。

【科忌格】

〔格成〕—表現的是〔精〕。

—賺錢時，才會表現出女強人的天性。

〔格敗〕—表現的是〔怪〕。

—連續挫折後，個性會變孤僻。

伍、古文今論的星辰

星辰論命方式分〔傳統星辰〕論命法與〔華山派星辰〕論命法兩種。傳統論命的重點在論述星辰之星性與星辰之廟旺落陷，再應用不同格局之變化而論命。華山派論命的重點是先利用星辰找出四化單象命盤與雙象命盤，再以四化單象或雙象架構論述不同的格局，藉著不同格局變化而論述命中最佳的優勢所在，最後應用命中注定的格局優勢，成就一生的榮華富貴。這是兩種完全不同的論命方式。而華山派論命法更以淺顯易懂的〔今論〕，代替艱澀難懂的〔古文〕，好讓初學者快速進入紫微斗數之門。現就傳統論命方式與華山派論命方式分析如下：

一、〔傳統星辰〕論命方式：

—乃根據星辰在十二宮位而論述個性與格局。

—論述命中注定的因緣。

—論述十年以上的大方向。

—傳統命理老師先以命宮論述個性，再以格局論述人生之大方向，最後應用十二宮位分析命中會發生的事情。

—傳統算命方式以籠統的分析，論述每個人一生中都會發生的現象，其中沒有對與錯、是與非、吉與凶的觀念，這是標準的〔現象算命法〕。

二、〔華山派星辰〕論命方式：

—華山派星辰論命的重點是先利用星辰找出四化之大架構，藉著四化架構論述格局變化，再以格局變化論述命中注定的優勢，最後應用命中注定的優勢來成就個人一生的榮華富貴。

—華山派命理以四化之雙象命盤，論述先天富貴的命格與後天成功的個性。

—華山派命理以淺顯易懂的〔今論〕，代替艱澀難懂的〔古文〕，讓人輕鬆欣賞到古人發明命理學的智慧。

—華山派命理精準掌握個人每一件人事物的時間與吉凶，重點在告知問命者如何應用命中俱足的優勢天性，凡事必須順勢而為，才能快速進入富貴之門。

三、【缺點】無法論述個人流年之時間與吉凶

—論述命中注定的因緣【現象】。

—以三方四正之組合論述不同的格局變化。

—不利【算運】之時間與吉凶的精準掌握。

—只能籠統的分析格局變化，才會有「嚇死人」與「鼓勵人」的兩種算命方式出現。

—論命時只看主要星辰，當然有幾成的準確率，讓人感覺怎麼講都好像有準的地方，但

又好像什麼都不準。

四、【優點】籠統論述命中注定的因緣與現象

—有利於初學者【算命】的訓練。

—籠統論述命中會發生的事，確實很容易讓問命者誤認有它準確的地方。

—因為沒有精準的時間與吉凶，所以問命者很難發現算命不精準的地方。

總之，時代列車不知不覺中已經來到了文明的二十一世紀，在這工商業競爭的戰國時代裡，凡事講求公式化、系統化、科學化的現代命理學。傳統中國清朝式的算命方式已經漸漸被文明社會所淘汰，取而代之的是華山派命理學。為什麼？星辰算命法只占紫微斗數算命方式的五分之一，卻幾乎是傳統命理老師學問的全部，而華山派命理學乃將傳統的﹝現象學﹞提升到﹝時間學﹞、﹝空間學﹞、﹝吉凶學﹞、﹝改運學﹞、﹝轉運學﹞。古代的舊思維不可能滿足現代人複雜又進化的想法，唯有更符合現代人高標準的需要，或更貼近現代人現實的生活，才能創造雙贏的命理人生。

一、星辰篇

【紫微星】

一、〔星性〕：

【陰土】

—陰為被動、內斂、柔和，土為信，有沉著、穩重、包容、責任之意。

—己土表示此命有保守、穩定、細心、愛心、耐心的天性。

【化氣為尊】

—帝星愛面子、重名聲，適合追求社會的名利；有條件時喜歡別人崇拜他，以他為尊。

【官祿主】

—行政管理人才，對事業有較強的企圖心，常執著於當下的事業，乃主管的好人才。紫微坐命又有M質，表示努力的事業很容易有所成就。

【北斗斗主】

—帝星有較重的優越性與權威感，有愛面子、主觀、意識強的天性，喜歡別人替他做事，耳根軟，也喜歡別人讚美或重視他，但不輕易屈服於人或求助於人。

二、〔古文今論〕：

【紫微列於賤位，主人多勞碌】—紫微星在奴僕宮

〔今論〕：

—放錯位子，用不對人，當然會辛苦勞碌，故此命人適合在大公司或知名公司上班。

【君臣慶會，才擅經邦】—紫府同宮坐命（附表一）

〔今論〕：

—古人鼓勵人的算命法。

—以現代人觀點只表示此命多貴人相助，公司業務順利，很容易賺錢。

【桃花犯主為至淫】—紫貪在四敗地，指子午卯酉（附表二）

〔今論〕：

—傳統命理老師論述桃花常犯古人的錯誤，搞不清楚互相的關係，殊不知感情的吉凶，關鍵在正緣、三角、過客關係的定位。

—對的時間遇到對的人—正緣關係。

不對的時間遇到對的人—三角關係。

不對的時間遇到不對的人—過客關係。

所以，不同時間點遇到不同的生肖，當然會有不一樣的結果。這裡所指的〔至淫〕只能論感情情緣，並不能論述感情的是非、對錯、吉凶。真正的犯桃花一定要桃花星、

桃花地、桃花宮三者合一才能成立。

【紫微辰戌遇破軍，君臣不義】—紫相辰戌坐命（附表三）

〔今論〕：

—這種命盤困擾了我很多年，難道此命格一定會跟老闆或上司反目成仇嗎？其實，君代表上司或老闆，所以只能解釋跟上司或老闆的緣份不長久吧！

—傳統論命方式有兩種，一是嚇死人方式，二是鼓勵人方式。這裡是嚇死人方式。

（附表一）

巨門 田	廉貞 天相 官	天梁 奴	七殺 遷
貪狼 福			天同 疾
太陰 父			武曲 財
紫微 天府 命	天機 兄	破軍 夫	太陽 子

（附表二）

天相 福	天梁 田	廉貞 七殺 官	奴
巨門 父			遷
紫微 貪狼 命			天同 疾
天機 太陰 兄	天府 夫	太陽 子	武曲 破軍 財

（附表三）

天梁 父	七殺 福	田	廉貞 官
紫微 天相 命			奴
天機 巨門 兄			破軍 遷
貪狼 夫	太陽 太陰 子	武曲 天府 財	天同 疾

【天機星】

一、〈**星性**〉：

【陰木】

－陰指矮、小、柔、暗。木主仁，有善良、愛心、細心之意。

－乙木，花草樹木下盤多根，需要不斷吸取土中之水份與養份，才能成長茁壯，故引申喜歡研究新的知識，期待出人頭地。

【兄弟主】

－重人際關係，欠眾生債，這是好的公關人才，適合在有組織的團隊裡發展。

【化氣為善】

－善的化身〈善宿〉，人之初，性本善，就是在說天機之星性；積善人家必有餘慶，最適合天機星先天俱足的善因緣，教書、傳承、公益……都是事業的內容。

【益籌之宿】

－天機星天賦異稟，頭腦靈巧，智多星，最好的幕僚人才之一。

二、〈**古文今論**〉：

－直覺敏銳，對命理、哲學、宗教、玄學皆有特殊的天賦。

【天機四煞同宮也善三分】即天機四正位會遇擎羊、陀羅、火星、鈴星。

〔今論〕：

一天機化科坐命或父母宮有科星，人之初，性本善，縱使會遇羊陀火鈴四煞星，也不會改變其善良之天性。

一天機坐命會遇四煞星，本人或因環境因素變壞，但此人重視倫理道德，他的壞會有限度。

【機月同梁作吏人】紫貪盤，機月申宮坐命（附表一）

〔今論〕：

一千萬不要把吏人當成作官，真的沒有那麼多〔官〕可以做。這是顧問、企劃、幕僚的好人才，乃主管或老闆的好幫手。

【巨機同宮，公卿之位】紫相盤，機巨在卯宮坐命（附表二）

〔今論〕：

一機巨有破蕩之性，早年較不得志，中年開始發達。天生與公家機關或大公司緣份深，不是公務人員就是做公家生意的命格。

【機梁守照身命空，偏宜憎道】紫府盤，機梁在丑未坐命，空劫會照（附表三）

〔今論〕：

—有天字輩的星辰最適合普渡眾生，乃宗教人士口中〔帶天命〕之人。

—命身會遇空劫，此命之人人生不順指數有八〇%以上，正如古文〔木空則折，土空則陷〕般，故容易轉向宗教或玄學的領域發展。

〔附表一〕

武曲 破軍 子	太陽 夫	天府 兄	天機 太陰 命
天同 財			紫微 貪狼 父
疾			巨門 福
遷	廉貞 七殺 奴	天梁 官	天相 田

〔附表二〕

天梁 福	七殺 田	官	廉貞 奴
紫微 天相 父			遷
天機 巨門 命			破軍 疾
貪狼 兄	太陽 太陰 夫	武曲 天府 子	天同 財

（附表三）

太陽 官	破軍 奴	天機 遷	紫微 天府 疾
武曲 田			太陰 財
天同 福			貪狼 子
七殺 父	天梁 命	廉貞 天相 兄	巨門 夫

【太陽星】

一、〔星性〕：

【陽火】

—太陽之火，光芒四射，普照大地。引申不拘小節、公正無私、熱情待人。

—火性向上燃燒，不停耀動，表示容易心浮氣躁，愛出風頭是天性。

—丙火，主動、積極、有目標、內心充滿光明之象。故好勝心強，不服輸，喜歡競爭。

【官祿主】

—官祿宮有M質，表示命中事業有成就的條件，對事業有較強的企圖心，追求職場上之權力與權勢。

【中天主星】

—太陽、太陰、天機乃不得清閒的星辰，天機即地球，太陰即月亮，地球月亮兩星辰都會繞著太陽星公轉或自轉。太陽星因不停的運轉，故在事業或名位上力圖表現，奔波勞碌，難得清閒。最適合老師、民代、公益等團體發展。

【化氣為貴】

—熱衷追求事業上的權力地位，享受他人的稱讚與肯定，突顯其高貴的太陽天性。

——太陽星光芒四射，不分敵友，容易招嫉。故衰運時務必收斂光芒，否則招來小人或敵人攻擊而不自知。

二、〔**古文今論**〕：

【日月最嫌反背，乃為失輝】紫府盤，卯亥宮坐命。（附表一）

〔今論〕

——太陽星與太陰星為星辰派最準的兩顆星，最怕日月顛倒，表示事業常遇小人，升遷路上多折磨，必須經過多次的失敗才能否極泰來。

【太陽寅到午，遇吉終是福】

〔今論〕：

——太陽星與太陰星為星辰派最準的兩顆星，只要記得午時太陽最旺盛，亥時月亮最明亮，就可以因太陽星與太陰星之明亮而論述個人的事業運之好壞或個性之強柔。

【日照雷門，富貴名揚】紫午盤，卯宮為雷門，陽梁坐命。（附表二）

〔今論〕：

——古人重視五行生剋，木地生火，陽火再生粱之土，形成相生的好格局。

——辛年生太陽化權，乙年生天粱化權，皆可形成富貴名揚的格局。

【太陽居午，日麗中天，有專權之貴，敵國之富】紫貪盤。（附表三）

〔今論〕：

—古人以富貴貧賤論命，現代人以得失吉凶論命；古人兩極化的論命方式，以現代人的觀點似乎有點格格不入。陽火在火地，午宮之火最明亮，引申為〔有專權之貴，敵國之富〕，是不是說過了頭，有言過其實之感。

—午時出生者乃主管、老闆、專業之人，在對的時間點做對的事，形成財官雙美的格局。

【明珠出海，穩步蟾宮】紫在午，未坐命，日在財，月在官。（附表四）

〔今論〕：

—辛年生太陽化權，乙年生太陰化忌，就能形成明珠出海格。兩者皆證明四化遠比星辰重要。那為什麼古人不用四化論命呢？因為四化的形成是漸進式的增長，古人似乎已經領悟了四化的重要性，只是一直無人將其轉變成公式而已。華山派的誕生正式宣佈四化已經進入了〔集大成〕的階段。專業又科學的新時代已經悄悄來臨了。

【日月科祿丑未宮，定是方伯公】紫相盤，庚年生，未宮坐命。（附表五）

〔今論〕：

—日月坐命水火相剋，形成性格上矛盾現象；祿科同宮又無定位，個性不定，做事猶豫。

—最適合公務人員與上班族。因為此命格慾望不大，不適合在商場上廝殺競爭。

【日月夾財，不權則富】紫殺盤在巳，武貪坐命，日月夾命或財。（附表六）

〔今論〕

—太陽為官祿主，化氣為貴；太陰為財帛主，化氣為富。故富貴非凡之人。

—天生事業常因貴人相助而賺大錢，也會因特殊際遇而成就一番事業。

（附表一）

巨門 福	廉貞天相 田	天梁 官	七殺 奴
貪狼 父			天同 遷
太陰 命			武曲 疾
紫微天府 兄	天機 夫	破軍 子	太陽 財

（附表二）

天機 福	紫微 田	官	破軍 奴
七殺 父			遷
太陽天梁 命			廉貞天府 疾
武曲天相 兄	天同巨門 夫	貪狼 子	太陰 財

（附表三）

武曲 破軍 兄	太陽 命	天府 父	天機 太陰 福
天同 夫			紫微 貪狼 田
子			巨門 官
財	廉貞 七殺 疾	天梁 遷	天相 奴

（附表四）

天機 夫	紫微 兄	命	破軍 父
七殺 子			福
太陽 天梁 財			廉貞 天府 田
武曲 天相 疾	天同 巨門 遷	貪狼 奴	太陰 官

（附表五）

天同 夫	武曲天府 兄	太陽太陰 命	貪狼 父
破軍 子			天機巨門 福
財			紫微天相 田
廉貞 疾	遷	七殺 奴	天梁 官

（附表六）

紫微七殺 官	奴	遷	疾
天機天梁 田			廉貞破軍 財
天相 福			子
太陽巨門 父	武曲貪狼 命	天同太陰 兄	天府 夫

【武曲星】

一、﹝星性﹞：

【陰金】

—陰主隱藏、內斂、被動、深沉。金為義，內含收斂、固執、冷漠之天性。

—辛金如秋天的霜，有肅殺之性。引申為在待人接物上欠缺溫和的親和力，難免給人有距離的感覺。

【財帛主】

—武曲乃財帛星，愛財是天性，命中財庫滿滿的人。

—對財富的追求有企圖心，擅長投資理財或享受賺大錢的快感。

【將星】

—乃武職與剛毅之星，律己甚嚴，剛毅果決，重視原則，有不輕易妥協的特質，故在待人處世上較不盡人情世故。

—古人重科甲，武職次之。現代人不同，武職如金融、醫師、軍警……等等行業。

【寡宿】

—古人所謂﹝婦奪夫權﹞讓女性同胞長久翻不了身。又刻意冠上寡宿名詞，讓武曲坐命之女命，長期活在詛咒的陰影中，這種觀念非改不可，也是無知的文化傳承。

—古文不利女命，現代人最適合職業婦女的發揮。

二、〔古文今論〕：

【武曲廟垣，成名赫弈】

〔今論〕：

—傳統的論命方式重點在星辰所落宮位之廟旺或落陷，總是喜歡兩極化的論述方式。

—此命格只能論述命中有成功的條件而已，但不是決定成功的要件，做對人事物的時間點才是影響成功之關鍵所在。

【財與囚仇，一生貧賤】紫相盤，武坐命在午宮，廉在財。（附表一）

〔今論〕：

—太武斷的論命方式，這是傳統論命方式最不精準的地方。

—表示此命常因投資不當而一生浮浮沉沉。

—相對的也是富貴險中求的命格，適合銀行、租賃、股票……等高風險的行業投資。

【武曲七殺擎羊會，因財持刀】紫破盤，武殺在卯宮坐命。（附表二）

〔今論〕：

—太籠統的論命方式，這也是傳統論命方式讓人詬病的地方。

—此人當下條件差時，就容易與人因財拔刀相向，對簿公堂。

—相對的也是富貴險中求的命格，適合銀行、租賃、股票……等高風險的行業投資。

—甲年生乃三奇奇遇格，反而有機會因貴人相助而成就事業。

【鈴昌羅武，限至投河】紫府在申盤，武曲辰宮坐命。（附表三）

〔今論〕：

—嚇死人的論命方式，這是傳統論命方式讓問命者人生留下陰影的地方。

—辰戌宮位乃天羅地網之地，鈴昌羅武會遇時，人生容易突然遭逢巨變而想不開。但只要有四化星飛入，就能有驚無險，逢凶化吉。因四化星主貴人。

【武曲貪狼財宅位，橫發資財】紫殺盤，武曲星貪狼星在財帛宮或田宅宮。（附表四）

〔今論〕：

—財星喜居財帛位，大限行運遇到很容易因理財得宜而賺大錢。

—財星喜居田宅位，大限行運遇到很容易因買對不動產而致富。

【武破昌曲逢，聰明巧藝定無窮】紫貪盤，武破在巳亥坐命，三方四正位逢昌曲。（附表五）

〔今論〕：

—巧藝安身的命格，人生培養一技之長就可以得到上天給予的財富。

【武曲閑宮多手藝】紫貪盤，武破在亥為落陷宮位。（附表六）

〔今論〕：

—甲己庚壬年生會讓武曲化M質，表示事業有多次機會因貴人相助而成功。故天干決定四化之架構，天干也決定人生富貴的格局與人事物的好因緣。

—武曲坐命之人，天生對事業有熱忱的心，與人互動常有機會學到才藝而賺錢。

（附表一）

天同 兄	武曲天府 命	太陽太陰 父	貪狼 福
破軍 夫			天機巨門 田
子			紫微天相 官
廉貞 財	疾	七殺 遷	天梁 奴

（附表二）

福	天機 田	紫微破軍 官	奴
太陽 父			天府 遷
武曲七殺 命			太陰 疾
天同天梁 兄	天相 夫	巨門 子	廉貞貪狼 財

（附表三）

太陽 父	破軍 福	天機 田	紫微 天府 官
武曲 命			太陰 奴
天同 兄			貪狼 遷
七殺 夫	天梁 子	廉貞 天相 財	巨門 疾

（附表四）

紫微 七殺 命	父	福	田
天機 天梁 兄			廉貞 破軍 官
天相 夫			奴
太陽 巨門 子	武曲 貪狼 財	天同 太陰 疾	天府 遷

（附表五）

武曲 破軍 命	太陽 父	天府 福	天機 太陰 田
天同 兄			紫微 貪狼 官
夫			巨門 奴
子	廉貞 七殺 財	天梁 疾	天相 遷

（附表六）

天相 遷	天梁 疾	廉貞 七殺 財	子
巨門 奴			夫
紫微 貪狼 官			天同 兄
天機 太陰 田	天府 福	太陽 父	武曲 破軍 命

【天同星】

一、﹝星性﹞：

【陽水】

—陽主大、明顯、迅速，水主智，水性隨波逐流。

—壬水乃江河之水，有積極、活潑、流長、隨遇而安之象意。

【益壽之宿】

—天同星在紫微星之疾厄宮，故有解厄制化之現象。

—今解讀為天同之赤子心，有不計較的天性。天同坐命之所以長壽應該與古文﹝天同會吉壽元長﹞有關。

【福德主】

—天同乃福德主，喜坐福德宮，掌管福報、福蔭、貴人、興趣、夢想。

—孩子星，赤子性，有享受的天賦，凡事大而化之。

【化氣曰福】

—天同之﹝福﹞乃因付出後無所求而來，乃無心之福。

—天同星做人較無心機，廣結善緣朋友多，為公關的好人才。

二、〔**古文今論**〕：

【天同會吉壽元長】

〔今論〕：

—天同星之長壽與樂天不計較的個性有關，合群、知足、重養生是其天性。

【福星居於官位，卻成無用】

〔今論〕：

—這說明了〔用神〕的重要性，好比〔官祿主〕一定要在命、財、官才能產生強大的力量，幫助主事者成就一番事業。

—天同星為福德主，表示命中追求夢想的人。只要在對的時間點做對的事，事業跟所有主星一樣，都有成功的天性。

【天同戌宮為反背，丁人化吉主大貴】紫貪盤，天同戌宮坐命。（附表一）

〔今論〕：

—天同戌宮落陷＋土剋水就會形成不利的格局。

—丁年生天同化權形成大貴格局，再次闡述四化遠比星辰重要百倍。

【福蔭聚不怕凶危】紫破盤，同梁在寅申坐命。（附表二）

〔今論〕：

—天同為福星，天梁為蔭星，天字輩帶天命，遇災厄常能化險為夷，趨吉避凶。

—乙丙丁己壬年生有四化星庇蔭，凡事常能逢凶化吉。強勢命或強勢運之人較不怕凶險。

【馬頭帶劍，鎮禦邊疆】紫殺盤，同陰午坐命，午地屬火，化煞為權。（附表三）

〔今論〕：

—丙年生人，擎羊星與命宮天同化祿，官祿宮化權，形成化煞為權的格局，反主武職或商場上廝殺的生意人可以順心如意。

—現代社會已進入春秋戰國時期，是非競爭之人很容易在商場上嶄露頭角。

【同月陷宮加忌煞，巧藝立身】同月陷地坐命身

〔今論〕：

—古人算命單純，天同太陰落陷又遇煞星忌星，表示此命格在事業上難有所成。

—現代人運勢不持續時，讀書或學東西可以改運。這與古人巧藝立身的論述不謀而合。

（附表一）

天相 疾	天梁 財	廉貞七殺 子	夫
巨門 遷			兄
紫微貪狼 奴			天同 命
天機太陰 官	天府 田	太陽 福	武曲破軍 父

（附表二）

田	天機 官	紫微破軍 奴	遷
太陽 福			天府 疾
武曲七殺 父			太陰 財
天同天梁 命	天相 兄	巨門 夫	廉貞貪狼 子

（附表三）

天府 兄	天同 太陰 命	武曲 貪狼 父	太陽 巨門 福
夫			天相 田
廉貞 破軍 子			天機 天梁 官
財	疾	遷	紫微 七殺 奴

【廉貞星】

一、〔星性〕：

【陰火】

—陰指隱、柔、暗之意。火主禮，火性炎上，個性剛強，事業心重。

—丁火乃民間之火，引申為有目的星辰，具有外剛內柔、外明內暗的個性。

【司品秩與權令】

—品為品行與品德，乃重視原則之人。秩為秩序、順序、次序之意。

—權令為權威、權勢、權利，有軍令如山之意，事業適合為求目的而堅持到底。

【官祿主】

—廉為紫之官，乃帝王之公關得力助手。

—官祿主，故要有強勢、強求、強要的事業心。

【次桃花】

—貪狼為大桃花，廉貞為次桃花。

—廉貞星之桃花乃因工作關係而來臨，又可引申為兼職的現象。

【化氣曰囚】

—陰火之人內心光明，自我要求高，但對人反而綁手綁腳，這應該與〔化氣曰囚〕有關。

—廉貞星事業遇到瓶頸時，為求目的會不擇手段。

二、〔**古文今論**〕：

【廉貪居亥，絕處逢生】

〔今論〕：

—廉貞屬火居亥水地，本主不利，但遇貪狼屬木，形成水生木、木生火的相生格局。

—〔山窮水盡疑無路，柳暗花明又一村〕，就是此一格局最佳寫照。

【文昌文曲會廉貞，喪命夭折】

〔今論〕：

—這只是意外的格局而已，並不能直接論述〔喪命夭折〕。

—意外格局占全部格局之二〇％以上，故不用太在意古人兩極化的說法。

【雄宿朝垣，富貴名揚，位登一品之榮】紫相盤—廉貞申宮坐命。（附表一）

〔今論〕：

—廉貞坐命，三方有南北斗主來會遇，形成事業成功的好格局。

—這種命格很多，但一品大官只有幾個人。所以只能解釋此命容易因貴人相助而成就事業。

【貞居卯酉，定是公門胥吏】紫殺盤—廉破卯酉宮坐命。（附表二）

〔今論〕：

一廉屬火，破屬水，水火相剋，不利事業發展。

一公務人員或做公家生意最穩定，適合此命格。

【廉貞七殺遷移位，路旁埋屍】紫貪盤，廉殺丑未坐遷移宮。（附表三）

〔今論〕：

一廉貞屬火，七殺屬金，形成火剋金之象。在遷移宮表示容易發生意外。

一傳統論命方式有兩種，一是嚇死人，二是鼓勵人。這裡是嚇死人的論命方式。

（附表一）

天梁 子	七殺 夫	兄	廉貞 命
紫微 天相 財			父
天機 巨門 疾			破軍 福
貪狼 遷	太陽 太陰 奴	武曲 天府 官	天同 田

（附表二）

紫微 七殺 財	子	夫	兄
天機 天梁 疾			廉貞 破軍 命
天相 遷			父
太陽 巨門 奴	武曲 貪狼 官	天同 太陰 田	天府 福

（附表三）

武曲 破軍 夫	太陽 兄	天府 命	天機 太陰 父
天同 子			紫微 貪狼 福
財			巨門 田
疾	廉貞 七殺 遷	天梁 奴	天相 官

【天府星】

一、〔**星性**〕：

【陽土】

—陽主動、開朗、活潑、積極。土主信，土為信用、穩重、包容。

—戊土表示主觀、自我、公平、有度量。

【南斗主】

—司權之星，有自尊、自信、優越、高傲的天性，乃主管與老闆的人才。

—又名令星，發號施令者，有主導、引導、領導的天賦。

【財帛主】

—又名祿庫，主富，具備掙財、守財、聚財的天賦。

—天生有財經、理財、商業的天性。賺錢的企圖心強，乃能攻能守的理財高手。

【田宅主】

—掌管土地、房屋、山坡地……等一切與不動產有關的人事物。

【食祿之星】

—掌管美食、名牌、高貴、高級……等一切與美有關的東西。天府天相皆為食祿之星。

【化氣曰賢能】

—南斗主乃賢能的化身，兼具聰明、穩重、能幹、領導的長才，常給人相當的信任感。

二、〔**古文今論**〕：

【左府同宮，尊居萬乘】

〔今論〕：

—左右主上敬諸佛，表示事業要有往上爬的心態，適合緊跟在長官或老闆的身邊發展。

—又是鼓勵人的算命方式，此命格事業上常因貴人相助而成功。

【府相之星女命纏，心當子貴與夫賢】紫貪盤，酉宮坐命。（附表一）

〔今論〕：

—天府天相為衣祿之星，府相三方來會，最適合女性朋友的命格。

—府相三方來會遇，則形成旺夫、益子、愛家的女人。

【紫微天府全依輔弼之功】

〔今論〕：

—紫微為帝王星，不喜獨坐，古人稱之〔破格〕，容易專斷專為，必須依靠左右貴人輔佐，才能展現大格局的氣勢。

【天府臨戌有吉扶，腰金衣紫富萬金】紫午盤，廉府火金相生。（附表二）

〔今論〕：

一天府屬土星，廉貞屬火星，廉府同宮形成相生的好格局。

一甲己壬年生之人，則會形成財官雙美的命格。

【官符加刑殺於遷移，離鄉遭配】紫相盤，府在午宮坐命，殺在遷，六煞三方會。（附表三）

〔今論〕：

一此格局古人論出外不利，災厄不斷。因古人難得有機會出外發展之故。

一現代人則論驛馬逢貴的格局，最適合現代春秋戰國競爭社會的發揮。

（附表一）

天相 財	天梁 子	廉貞 七殺 夫	兄
巨門 疾			命
紫微 貪狼 遷			天同 父
天機 太陰 奴	天府 官	太陽 田	武曲 破軍 福

（附表二）

天機 疾	紫微 財	子	破軍 夫
七殺 遷			兄
太陽 天梁 奴			廉貞 天府 命
武曲 天相 官	天同 巨門 田	貪狼 福	太陰 父

（附表三）

天同 兄	武曲天府 命	太陽太陰 父	貪狼 福
破軍 夫			天機巨門 田
子			紫微天相 官
廉貞 財	疾	七殺 遷	天梁 奴

【太陰星】

一、〔**星性**〕：

【陰水】

—陰主暗、慢、柔、小。水主智，引申有耐心、善良、慈愛之天性。

—癸水表示個性聰明、奸巧、能屈能伸，乃感覺、感情、感性之人。

【中天主星】

—俱足人際關係與領導管理能力之天賦。太陰、太陽、天機乃三顆日夜不停有規律運轉的星曜，引申為奔波勞碌的命格。

【財帛主】

—又名祿庫，主富。具備掙財、守財、聚財的天賦。

—天性有財經、理財、商業的天性。賺錢的企圖心強，乃能攻能守的理財高手。

【田宅主】

—掌管土地、房屋、山坡地……等一切與不動產有關的人事物。

【化氣曰富】

—富者，財產、財富、財庫也。故人生喜歡追求金錢財富，希望變成有錢人。

【母妻女】

—太陰星代表母、妻、女，這是古人的論命方式，現在已被父母宮、夫妻宮、子女宮三個宮位取代，華山派掌握〔用神〕才能精準論命。

二、〔**古文今論**〕：

【陰陽會昌曲，出世榮華】紫相盤，太陰太陽丑宮坐命。（附表一）

〔今論〕：

—太陽星太陰星會遇文昌星文曲星，表示一生平順，適合穩定的環境發展。

—注重禮節之人，親切待人，好相處的星辰之一。

【太陰火鈴同位，反成十惡】

〔今論〕：

—嚇死人的論命方式。直接論述〔無惡不作〕的大壞蛋會與事實有所出入。

—太陰落陷＋火鈴同宮，主人有懷才不遇、事與願違之感慨。

—此命格學習〔一技之長〕就是最好的改運方法。

【日月羊陀，人離財散亦剋親】紫殺盤，天同太陰在子宮坐命。（附表二）

〔今論〕：

—古人以太陽星為父、夫、子，以太陰星為母、妻、女。

—日屬火，月屬水形成相剋格局，會遇擎羊陀羅兩星後，只表示出外發展的格局。

【太陰居子號曰水澄桂萼，得清要之職，忠諫之才】

〔今論〕：

—太陰屬水，天同屬水，子位也屬水，三水則形成了三合派的重要格局。

—水主聰明，這是追求功名的命格，必須具備讀書人的骨氣，愛財取之有道。

【月朗天門，進爵封侯】紫午盤，太陰亥宮坐命。（附表二）

〔今論〕：

—亥宮為天門，太陰坐命有眾星拱月之象，有領導力之天賦。

—太陰亥宮坐命如古文〔天上眾星皆拱北，世間無水不朝東〕一般，乃創業之人。

（附表一）

天梁 官	七殺 奴	遷	廉貞 疾
紫微 天相 田			財
天機 巨門 福			破軍 子
貪狼 父	太陽 太陰 命	武曲 天府 兄	天同 夫

（附表二）

紫微 七殺 奴	遷	疾	財
天機 天梁 官			廉貞 破軍 子
天相 田			夫
太陽 巨門 福	武曲 貪狼 父	天同 太陰 命	天府 兄

（附表三）

天機 遷	紫微 疾	財	破軍 子
七殺 奴			夫
太陽天梁 官			廉貞天府 兄
武曲天相 田	天同巨門 福	貪狼 父	太陰 命

【貪狼星】

一、〔星性〕：

【陽木】

－陽主快、大、剛、明亮。木主仁，表示仁慈、仁愛、仁厚之意。

－甲木表示森林巨木，其根不停向下吸收養分，好讓樹木廣佈、深長、高大、茁壯。引申此命聰明、有目的、慾望強，常常期待能出人頭地。

【主禍福之神】

－貪狼星乃慾望與投機之星，擅長於嘗試新的事物，也喜歡追求多采多姿的人生。因此人生總是在成功與失敗中起伏，禍福之天性為貪狼星之最佳寫照。

－古云：「受惡善，定奸詐，瞞人受學神仙之術。」說明貪狼星學習宗教或五術可以幫助其化惡轉福。

【化氣曰桃花】

－貪狼星為第一大桃花星。擅長於交際應酬，喜歡新鮮事物，乃公關最好的人才。貪狼坐命等於福德宮有M質，只要做對事業有利的事情就是好的桃花。

【解厄制化】

—貪狼星的解厄制化來自於祂的聰明反應，人生舞台上長袖善舞，精明於化解人與人之間的矛盾，乃事業勝利家族的常勝軍。

二、〔**古文今論**〕：

【貪狼陷地作屠人】

〔今論〕：

—貪狼居落陷位，表示失敗為成功之母，必須經過一次以上的失敗才能通往成功的路上。

—屠人只表示工作上要腳踏實地，不是叫人去做殺豬的工作。

【殺破廉貪俱作惡，廟而不陷掌三軍】

〔今論〕：

—殺破廉貪等四顆星乃兩極化的人生，不是活得很精彩，就是死得很難看。

—殺破廉貪等四顆星皆有權星之現象，事業規劃得宜會有一番大作為。

【武貪墓中居，三十纔發福】紫殺盤，武貪未宮坐命。（附表一）

〔今論〕：

—貪狼木遇到武曲金，金剋木不發富，三十歲後才能展露所長。

—武貪丑未坐命皆廟旺得地，運勢會如古人〔先貧後富，須遇命值武貪〕所言。

【貪狼居子，名為泛水桃花】貪狼屬木，子宮屬水。

〔今論〕：

—三象一物，才能真正稱之〔桃花命〕。

—貪狼屬桃花星＋子宮位屬桃花地〔水〕＋命宮才能形成真正有桃花之人。

—解釋此命異性緣特別好，乃浪漫多情之人。

【七殺守身終是妖，貪狼入命必為娼】

〔今論〕：

—古人嚇死人的論命法。

—貪狼個性敢愛敢恨，假如人生跟一般人不一樣，也是正常的事。

—七殺落陷身宮，正如古文〔命身相剋，則心亂而不閑〕之意。

【昌貪居命，粉身碎屍】

〔今論〕：

—又是古人嚇死人的論命法。

—昌貪兩顆聰明星辰在一起，形成聰明反被聰明誤之象。

—粉身碎屍是誇大之詞，這是古人慣用的手法。

（附表一）

天府 夫	天同 太陰 兄	武曲 貪狼 命	太陽 巨門 父
子			天相 福
廉貞 破軍 財			天機 天梁 田
疾	遷	奴	紫微 七殺 官

【巨門星】

一、﹝**星性**﹞：

【陰水】

—陰主暗、慢、柔、小。水主智，水性隨波逐流，有能屈能伸的天性。

—癸水，喜歡隱藏內心真正的想法，乃﹝性無明﹞的星曜。

—破軍﹝性難明﹞之星，貪狼﹝性不明﹞之星，巨門﹝性無明﹞之星。

【刻剝之神】

—巨門受到﹝性無明﹞的影響，與人交往常常莫名其妙的交惡或結束，﹝始善終惡﹞變成祂人、事、物的緣份輪迴。

【司萬物】

—巨門星掌管萬物，從柴鹽油米醬醋茶到六畜興旺都是祂的管轄範圍。故引申為執行任務的最好人才。

【是非之星】

—是非之星辰，自認光明正大，卻我執於別人對不起祂。常是問題發現者，但也是製造者。

—巨門乃是非競爭的星曜，當環境出現衝突時，表示人生正在通往成功的路上。

【化氣為暗】

—巨門星喜歡高談闊論，但因性無明之故，對人總是帶著防備的心。

—代表所有人事物的地下行為，例如陰廟、仿冒、密醫、六合彩……等行業。

二、〔古文今論〕：

【巨門忌星皆不吉，運身命限忌相逢，更兼太歲官符至，口舌官非絕不空】

〔今論〕：

—巨門忌星皆不吉，這是不精準的說詞，現代人都靠嘴巴賺錢，反而是好的星辰。

—華山派以M質代表存在、貴人、有好運，縱使巨門化忌也是好的事情。

【子午巨門，石中隱玉】紫破盤，巨門午宮坐命。（附表一）

〔今論〕：

—巨門子午為廟旺之地，引申少年辛苦，中年發跡。如石中之玉石般需要琢磨發掘。

—丁辛癸年生，讓巨門化M質就能變成好的命格。

【巨門辰戌為陷地，辛化吉祿崢嶸】紫貪盤，巨門戌宮坐命。（附表二）

〔今論〕：

—巨門辰戌入天羅地網又落陷，本應大凶象，但因辛年生巨門化祿，反主事業順心如意。

—再次說明四化遠比星辰重要百倍，四化是斗數之用神。

【化祿運為好，休向墓中藏】

〔今論〕：

—同前例，古人文筆好，常常語不驚人死不休。

—M質所在宮位皆能論為好命格。

【命身巨門天梁值羊陀，男盜女娼】

〔今論〕：

—命身宮坐巨粱落陷＋羊陀兩星，乃中斷的人生際遇，不穩定的人生。

—男盜女娼，嚇死人的說詞。現代人只能論〔一技之長〕的命格。

【巨火擎羊，終身縊死】

〔今論〕：

—巨門居落陷宮位＋擎羊星，人生是非、衝突、不如意之事會不斷發生。

—比較合理的中性說詞是〔巨門守命遇擎羊，鈴火逢之事不祥〕。

（附表一）

廉貞 貪狼 兄	巨門 命	天相 父	天同 天梁 福
太陰 夫			武曲 七殺 田
天府 子			太陽 官
財	紫微 破軍 疾	天機 遷	奴

（附表二）

武曲 破軍 疾	太陽 財	天府 子	天機 太陰 夫
天同 遷			紫微 貪狼 兄
奴			巨門 命
官	廉貞 七殺 田	天梁 福	天相 父

【天相星】

一、〔**星性**〕：

【陽水】

－陽為明顯、迅速、剛強、主動之意。水主智，水性隨波逐流，有能屈能伸的天性。

－壬水，引申為人隨和，善解人意，熱心、熱情、熱忱常成為別人的貴人。

【化氣曰印】

－印者蔭也，掌印之人表示奉公守法，乃輔佐帝王之星。

－天生福報強，上司或老闆的親信或公司永續經營的傳承老臣。

【官祿主】

－掌管印之星，聽命於主事者，較不具開創性或主導性。

－官祿主，成就的命格，以現代人角度應具備強勢、強求、強要的事業心。

【司爵祿】

－為官之道，如古書云：「見人難，有惻隱之心；見人惡，抱不平之氣。」

－天相星有洞悉人性的天賦，有一套判斷人性的吉凶法【入門斷】。

二、〔古文今論〕：

【紫府朝垣，食祿萬鍾】紫在午宮，武相寅宮坐命。（附表一）

〔今論〕：

—武相寅宮廟旺坐命，三方有南北斗主紫微天府星來會，紫微為官祿主，天府為財帛主。表示財官雙美，人生會因特殊際遇而成就一番事業。

【右弼天相福來臨】相坐命，府在財，左右三方會。

〔今論〕：

—天相星坐命，天府星一定在三方來會遇＋右弼，即形成好的格局。

—天相星屬官祿主＋天府星屬財帛主＋右弼為貴人星，形成貴人旺運的好格局。

【楊妃好色，天相三合文曲文昌】

〔今論〕：

—在廟旺之地，古人論〔府相朝垣命必榮〕；在落陷之地，古人論〔文昌文曲福不全〕。

—在廟旺之地＋三方會遇昌曲，表示天生好事連連，財庫滿滿之象。

【刑囚夾印，刑杖惟司】紫府盤，廉相子午守命，擎羊三方會。（附表二）

〔今論〕：

—擎羊為刑+廉貞為囚+天相為印星，形成此格局。

—比較中性說詞是「限臨天相遇擎羊，作禍興殃不可當」。

—此格乃是非競爭的命格，從事軍警、司法、業務、外務、生意人……等等行業，可以避掉命中注定的凶象。

（附表一）

天機 田	紫微 官	奴	破軍 遷
七殺 福			疾
太陽 天梁 父			廉貞 天府 財
武曲 天相 命	天同 巨門 兄	貪狼 夫	太陰 子

（附表二）

太陽 奴	破軍 遷	天機 疾	紫微 天府 財
武曲 官			太陰 子
天同 田			貪狼 夫
七殺 福	天梁 父	廉貞 天相 命	巨門 兄

【天梁星】

一、〔**星性**〕：

【陽土】

—陽為活潑、外向、主動、積極。土主信，有穩重、包容、責任、重原則之意。

—戊土，乃公正、公平、公開處世的化身，命中主宰殺帝之權。

【司壽祿】

—福祿、福壽、福祿壽，養身之星。天梁星之壽祿先天俱足，不需要強求而獲得。

—天梁乃延壽之宿，縱然遇到凶險之事，也能有驚無險的化險為夷。李登輝前總統就是最好的明證。雖然多次出生入死，但終究起死回生而順利主導台灣政局十二年之久。

【父母主】

—父母的化身，待人處世上是一顆充滿愛心的星曜，適合犧牲奉獻與悲天憫人的胸懷。

—〔宰相肚裡能撐船〕就是天梁之星性，乃主管、老闆、薪火傳承的最佳人選之一。

【化氣為蔭】

—蔭者，庇蔭也。有照顧、關心、關照之意。

—天梁星之天性乃對上庇蔭與對下庇護，這是薪火傳承的星曜。〔薑是老的辣〕就是天梁星的最佳寫照。

二、〔**古文今論**〕：

【梁居午地，官資清顯】紫貪盤，天梁午宮坐命。（附表一）

〔今論〕：

—梁土居午火之地，火土相生，故為官之道要清貴。

—天梁乃壽星、蔭星、父母星，都是貴氣之星，這是重〔貴〕不宜重〔富〕的格局。

【日月並明，佐九重於堯殿】紫府盤，天梁丑宮坐命，太陰在財位，太陽在官位。（附表二）

〔今論〕：

—日月在旺地，太陽屬官祿主，太陰屬財帛主，兩星三方來會則形成好格局。

—乃事業得意揚名之象，名聲傳播遠方之命格。

【梁同巳亥，男多飄逢浪蕩，女多娼妓淫濫】紫相盤，天梁亥宮坐命。（附表三）

〔今論〕：

—同梁居巳亥，流浪之人。乃驛馬逢貴之格局。

—〔男多飄逢浪蕩，女多娼妓淫濫〕又是古人習慣「嚇死人」的說詞。

—此命格最有利業務與外務者的發揮。

【昌遇梁星，位至台綱】

〔今論〕：

—文昌星主科甲功名＋天梁主父母主，則形成追求功名最好的格局之一。

—乙己壬年生之人更是喜上加喜，衣錦還鄉之格局。

【天梁月曜女淫貧】梁陰守命身宮，本相剋。

〔今論〕：

—梁陰守命身宮，又居落陷宮位，天梁土刑剋太陰水，形成不如意的格局。

—此命格外向又熱情，最有利現代職業婦女的發揮。

（附表一）

天相 兄	天梁 命	廉貞七殺 父	福
巨門 夫			田
紫微貪狼 子			天同 官
天機太陰 財	天府 疾	太陽 遷	武曲破軍 奴

（附表二）

太陽 官	破軍 奴	天機 遷	紫微天府 疾
武曲 田			太陰 財
天同 福			貪狼 子
七殺 父	天梁 命	廉貞天相 兄	巨門 夫

（附表三）

天同 遷	武曲 天府 疾	太陽 太陰 財	貪狼 子
破軍 奴			天機 巨門 夫
官			紫微 天相 兄
廉貞 田	福	七殺 父	天梁 命

【七殺星】

一、〔**星性**〕：

【陽金】

—陽主明顯、主動、迅速、剛強。金為義，有固執、冷漠、剛直之性。

—庚金乃因秋天金旺，為人冷靜內斂，在待人接物上難免給人有距離的感覺。

【上將】

—在數為帥，皆為邊疆防敵之武將，威嚴與權柄是其象徵。

—引申為主管、老闆、專技的命格。

【成敗之孤辰】

—武曲陰金為寡宿，七殺陽金為孤辰，皆表示先天至親緣薄之象。

—武將追求感情最無情，有好的事業才能找到好的姻緣。

【主肅殺】

—肅殺有嚴肅、冷酷、不苟言笑之意。

—有四化權星之現象，強勢、強求、強要之心，才能成就一番事業。

二、〔**古文今論**〕：

【七殺朝斗仰斗，爵祿榮昌】紫府盤，七殺寅宮坐命。（附表一）

〔今論〕：

—七殺坐命居廟旺之地，居寅宮稱七殺仰斗格，居申宮稱七殺朝斗格。

—古人鼓勵人的說詞。

—表示事業會因貴人相助而功成名就。

【殺臨絕地遇羊陀，天年夭似顏回】

〔今論〕：

—七殺坐命居落陷之地＋三方會遇羊陀兩星，則形成意外的命格。

—現代人則論出外逢貴格，他鄉發跡之人。

—與〔羊陀七殺運限莫逢，逢之定有刑傷〕意義相同。

【七殺子午逢左右，文曲加之格最清】紫相盤，七殺子宮坐命。（附表二）

〔今論〕：

—七殺子宮坐命居廟旺之地，對宮有南斗斗主天府星會照。再逢左右三方來會，則形成富貴的好格局。

—三方有貪狼星與破軍星來會照，只要貪狼星與破軍星有M質，就能形成更好的格局。

（附表一）

太陽　田	破軍　官	天機　奴	紫微 天府　遷
武曲　福			太陰　疾
天同　父			貪狼　財
七殺　命	天梁　兄	廉貞 天相　夫	巨門　子

（附表二）

天同　奴	武曲 天府　遷	太陽 太陰　疾	貪狼　財
破軍　官			天機 巨門　子
田			紫微 天相　夫
廉貞　福	父	七殺　命	天梁　兄

【破軍星】

一、〔星性〕：

【陰水】

—陰主暗、慢、柔、小。水主智，引申有耐心、善良、慈愛之天性。

—癸水表示個性聰明、奸巧、能屈能伸。乃感覺、感情、感性之人。

—破軍〔性難明〕之星，貪狼〔性不明〕之星，巨門〔性無明〕之星。

【夫妻主】

—婚前異性緣好，婚後重視家庭生活。掌管夫妻緣份的吉凶。

【子女主】

—以子女為主，桃花為輔。掌管子女緣份的吉凶。

【奴僕主】

—以過客為主，桃花為輔。掌管朋友緣份的吉凶。

【在天為殺氣】

—破軍之殺氣如〔近朱者赤，近墨者黑〕般，上至殺敵之將軍，下至流氓之幫兇。

—破軍有四化權星之現象，為主管、老闆、專技之人。

【化氣為耗】

—耗者，損也。有耗損、消耗、虛耗、破壞之意。也有好奇、創新、棄舊迎新之個性。

—乃設計、創意、公關、業務、外務……之高手。

【司禍福】

—貪狼之禍福與桃花慾望有關，破軍之禍福與家庭耗損有關。

—行運走到人、事、物會有吉凶。

二、〔**古文今論**：〕

【子午破軍，加官進爵】紫府盤，破軍子宮坐命。（附表一）

〔今論〕：

—破軍居子午乃廟旺之地，子宮坐命謂之還歸大海格；午宮坐命謂之英星入廟格。

—古人鼓勵人的說詞。

—破軍坐命，三方會照廉貪；甲己癸年生之人，升官發財機會多。

【財印坐於遷移，巨商高賈】紫午盤，武相在遷，破軍申宮坐命。（附表二）

〔今論〕：

—破軍申宮坐命，三方會照武曲貪狼星，形成好的格局。

—甲癸年生之人，財庫滿滿之命格。

【文耗若居寅位，謂之眾水朝東】紫在子宮盤，破軍寅宮坐命。（附表三）

〔今論〕：

—破軍寅宮坐命，大部分主星皆落陷，故有眾水朝東，白忙一場之象。

—引申為不利投機性事業的命格。

【耗居祿位，沿途乞求】

〔今論〕：

—古人嚇死人的說詞。

—祿為官祿宮，破軍落陷+在官祿宮，表示事業必須經過一次以上的失敗，才能往成功的路上走。

（附表一）

巨門 福	廉貞 天相 田	天梁 官	七殺 奴
貪狼 父			天同 遷
太陰 命			武曲 疾
紫微 天府 兄	天機 夫	破軍 子	太陽 財

（附表二）

天機 子	紫微 夫	兄	破軍 命
七殺 財			父
太陽 天梁 疾			廉貞 天府 福
武曲 天相 遷	天同 巨門 奴	貪狼 官	太陰 田

（附表三）

太陰 田	貪狼 官	天同 巨門 奴	武曲 天相 遷
廉貞 天府 福			太陽 天梁 疾
父			七殺 財
破軍 命	兄	紫微 夫	天機 子

二、紫微在十二宮

太陰 巳	貪狼 午	天同 巨門 未	武曲 天相 申
廉貞 天府 辰	紫微在子宮		太陽 天梁 酉
卯			七殺 戌
破軍 寅	丑	紫微 子	天機 亥

廉貞 貪狼 巳	巨門 午	天相 未	天同 天梁 申
太陰 辰	紫微在丑宮		武曲 七殺 酉
天府 卯			太陽 戌
寅	紫微 破軍 丑	天機 子	亥

巨門 巳	廉貞 天相 午	天梁 未	七殺 申
貪狼 辰	紫微在寅宮		天同 酉
太陰 卯			武曲 戌
紫微 天府 寅	天機 丑	破軍 子	太陽 亥

天相 巳	天梁 午	廉貞 七殺 未	申
巨門 辰	紫微在卯宮		酉
紫微 貪狼 卯			天同 戌
天機 太陰 寅	天府 丑	太陽 子	武曲 破軍 亥

天梁 巳	七殺 午	未	廉貞 申
紫微 天相 辰	紫微在辰宮		酉
天機 巨門 卯			破軍 戌
貪狼 寅	太陽 太陰 丑	武曲 天府 子	天同 亥

紫微 七殺 巳	午	未	申
天機 天梁 辰	紫微在巳宮		廉貞 破軍 酉
天相 卯			戌
太陽 巨門 寅	武曲 貪狼 丑	天同 太陰 子	天府 亥

<table>
<tr><td>天機
巳</td><td>紫微
午</td><td>未</td><td>破軍
申</td></tr>
<tr><td>七殺
辰</td><td colspan="2" rowspan="2">紫微在午宮</td><td>酉</td></tr>
<tr><td>太陽
天梁
卯</td><td>廉貞
天府
戌</td></tr>
<tr><td>武曲
天相
寅</td><td>天同
巨門
丑</td><td>貪狼
子</td><td>太陰
亥</td></tr>
</table>

<table>
<tr><td>巳</td><td>天機
午</td><td>紫微
破軍
未</td><td>申</td></tr>
<tr><td>太陽
辰</td><td colspan="2" rowspan="2">紫微在未宮</td><td>天府
酉</td></tr>
<tr><td>武曲
七殺
卯</td><td>太陰
戌</td></tr>
<tr><td>天同
天梁
寅</td><td>天相
丑</td><td>巨門
子</td><td>廉貞
貪狼
亥</td></tr>
</table>

太陽 巳	破軍 午	天機 未	紫微 天府 申
武曲 辰	紫微在申宮		太陰 酉
天同 卯			貪狼 戌
七殺 寅	天梁 丑	廉貞 天相 子	巨門 亥

武曲 破軍 巳	太陽 午	天府 未	天機 太陰 申
天同 辰	紫微在酉宮		紫微 貪狼 酉
卯			巨門 戌
寅	廉貞 七殺 丑	天梁 子	天相 亥

<table>
<tr><td>天同
巳</td><td>武曲 天府
午</td><td>太陽 太陰
未</td><td>貪狼
申</td></tr>
<tr><td>破軍
辰</td><td colspan="2" rowspan="2">紫微在戌宮</td><td>天機 巨門
酉</td></tr>
<tr><td>卯</td><td>紫微 天相
戌</td></tr>
<tr><td>廉貞
寅</td><td>丑</td><td>七殺
子</td><td>天梁
亥</td></tr>
</table>

<table>
<tr><td>天府
巳</td><td>天同 太陰
午</td><td>武曲 貪狼
未</td><td>太陽 巨門
申</td></tr>
<tr><td>辰</td><td colspan="2" rowspan="2">紫微在亥宮</td><td>天相
酉</td></tr>
<tr><td>廉貞 破軍
卯</td><td>天機 天梁
戌</td></tr>
<tr><td>寅</td><td>丑</td><td>子</td><td>紫微 七殺
亥</td></tr>
</table>

三、求四化曜星

星辰／生年	化祿	化權	化科	化忌
甲	廉	破	武	陽
乙	機	梁	紫	陰
丙	同	機	昌	廉
丁	陰	同	機	巨
戊	貪	陰	右	機
己	武	貪	梁	曲
庚	陽	武	陰	同
辛	巨	陽	曲	昌
壬	梁	紫	左	武
癸	破	巨	陰	貪

四、求六吉星與六煞星

求左輔星、右弼星、天馬星

生月＼星辰	左輔	右弼	天馬
一月	辰宮	戌宮	申宮
二月	巳宮	酉宮	巳宮
三月	午宮	申宮	寅宮
四月	未宮	未宮	亥宮
五月	申宮	午宮	申宮
六月	酉宮	巳宮	巳宮
七月	戌宮	辰宮	寅宮
八月	亥宮	卯宮	亥宮
九月	子宮	寅宮	申宮
十月	丑宮	丑宮	巳宮
十一月	寅宮	子宮	寅宮
十二月	卯宮	亥宮	亥宮

求文昌星、文曲星

生時／星辰	文曲	文昌
子時	辰宮	戌宮
丑時	巳宮	酉宮
寅時	午宮	申宮
卯時	未宮	未宮
辰時	申宮	午宮
巳時	酉宮	巳宮
午時	戌宮	辰宮
未時	亥宮	卯宮
申時	子宮	寅宮
酉時	丑宮	丑宮
戌時	寅宮	子宮
亥時	卯宮	亥宮

求天魁星、天鉞星

年干／星辰	天魁	天鉞
甲年	丑宮	未宮
乙年	子宮	申宮
丙年	亥宮	酉宮
丁年	亥宮	酉宮
戊年	丑宮	未宮
己年	子宮	申宮
庚年	丑宮	未宮
辛年	午宮	寅宮
壬年	卯宮	巳宮
癸年	卯宮	巳宮

求祿存星、擎羊星、陀羅星

年干＼星辰	祿存	擎羊	陀羅
甲年	寅宮	卯宮	丑宮
乙年	卯宮	辰宮	寅宮
丙年	巳宮	午宮	辰宮
丁年	午宮	未宮	巳宮
戊年	巳宮	午宮	辰宮
己年	午宮	未宮	巳宮
庚年	申宮	酉宮	未宮
辛年	酉宮	戌宮	申宮
壬年	戌宮	子宮	戌宮
癸年	子宮	丑宮	亥宮

求火星、鈴星

生年支	寅午戌		申子辰		巳酉丑		亥卯未	
生時＼星辰	火星	鈴星	火星	鈴星	火星	鈴星	火星	鈴星
子時	丑宮	卯宮	寅宮	戌宮	卯宮	戌宮	酉宮	戌宮
丑時	寅宮	辰宮	卯宮	亥宮	辰宮	亥宮	戌宮	亥宮
寅時	卯宮	巳宮	辰宮	子宮	巳宮	子宮	亥宮	子宮
卯時	辰宮	午宮	巳宮	丑宮	午宮	丑宮	子宮	丑宮
辰時	巳宮	未宮	午宮	寅宮	未宮	寅宮	丑宮	寅宮
巳時	午宮	申宮	未宮	卯宮	申宮	卯宮	寅宮	卯宮
午時	未宮	酉宮	申宮	辰宮	酉宮	辰宮	卯宮	辰宮
未時	申宮	戌宮	酉宮	巳宮	戌宮	巳宮	辰宮	巳宮
申時	酉宮	亥宮	戌宮	午宮	亥宮	午宮	巳宮	午宮
酉時	戌宮	子宮	亥宮	未宮	子宮	未宮	午宮	未宮
戌時	亥宮	丑宮	子宮	申宮	丑宮	申宮	未宮	申宮
亥時	子宮	寅宮	丑宮	酉宮	寅宮	酉宮	申宮	酉宮

求地空星、地劫星

生時＼星辰	地空	地劫
子時	亥宮	亥宮
丑時	戌宮	子宮
寅時	酉宮	丑宮
卯時	申宮	寅宮
辰時	未宮	卯宮
巳時	午宮	辰宮
午時	巳宮	巳宮
未時	辰宮	午宮
申時	卯宮	未宮
酉時	寅宮	申宮
戌時	丑宮	酉宮
亥時	子宮	戌宮

五、主星之廟旺與落陷表

12宮＼纏度	廟	旺	得地	利益	平和	不得地	陷
子	機府陰相梁破祿	武同貪巨殺	曲昌		紫廉		陽羊火鈴
丑	紫武府陰貪相殺昌曲羊陀	梁破	火鈴	廉		陽同巨	機
寅	廉府巨相梁殺祿火鈴	紫陽陰	機武破	同	貪曲		昌陀
卯	陽巨梁祿	紫機殺曲	府	武貪昌火鈴	同廉		陰相破羊
辰	武府貪梁殺羊陀	陽破	紫相昌曲	機廉	同		陰巨火鈴
巳	同昌曲祿	紫陽巨	府相火鈴		機武破殺		貪梁陀廉陰
午	紫機相梁破祿火鈴	陽武府貪巨殺			廉	陰	同昌曲羊
未	紫武府貪殺羊陀	梁破曲	陽相	廉昌火鈴		陰同巨	機
申	廉巨相殺祿	紫同	機陽武府破昌曲	陰	貪		梁陀火鈴
酉	巨昌曲祿	紫機府陰殺	梁火鈴	武貪	陽同廉		相破羊
戌	武府貪梁殺羊陀火鈴	陰破	紫相	機廉	同	陽	巨昌曲
亥	陰同祿	紫巨曲	府相	昌火鈴	機武破殺		貪梁陀陽廉

陸、算命的基本分類

算命的基本分類是我十八年來教學經歷所累積的成果，從救國團到台中市、台北市、新北市建築師公會，以至台中法院、中區職訓局、命理學開館職業班……等教學經歷，使我真正領悟到教學相長的魅力，所以我的傳承工作做起來特別的開心，也歡喜全力付出。十多年來，我要特別感謝黃鼎鈞檢察官夫妻（現任大律師）、張捷安律師、熊賢祺律師、蔡仁捷理事長、王基陵建築師、簡俊卿建築師、周芸鋒建築師……等人長期的提攜與厚愛，個人感激之心非筆墨所能形容於萬一。

完整命理學的分類是一項大工程，這是有史以來第一次有人勇敢的嘗試。一方面有感於命理界大部分命理老師還停留在古人論述人事物的〈現象學〉表述，另一方面更憂心於華山派〈薪火傳承〉的心願會後繼無人。何況現今社會還是傳統派簡單的〈現象算命法〉當道，怎麼提升命理老師的學術地位？怎麼將命理學公式化、系統化、科學化？就變成華山派命理學的當務之急。現就華山派命理學的進化過程分析如左：

一、**【命理學術】**：

—由傳統算命的〈現象學〉提升到算運的〈時間學〉、〈空間學〉、〈吉凶學〉、〈宗教學〉〉。

二、**【命理技巧】**：

—由傳統算命的〔現象〕提升到算運的〔時間〕、〔吉凶〕、〔內容〕、〔影響〕、〔改運〕、〔轉運〕、〔宗教〕。

三、**【命理要件】**：

—由傳統算命的〔單一命盤〕提升到〔二盤〕、〔三盤〕、〔四盤〕、〔五盤〕科學的立體算命。

四、**【運勢要件】**：

一盤論格局—乃由生年四化之雙象命盤【定格局】。

二盤論大限—一定要本命＋大限二種命盤形成【相同現象】。

三盤論流年—一定要本命＋大限＋流年三種命盤形成【相同現象】。

四盤論流月—一定要本命＋大限＋流年＋流月四種命盤形成【相同現象】。

五盤論流日—一定要本命＋大限＋流年＋流月＋流日五種命盤形成【相同現象】。

五、**【運勢技巧】**：

一盤論現象—本命命盤本身單盤就可以算命，也是完整的算命方式。

二盤論吉凶—本命＋大限兩種命盤同時論述時，就可以精論十年運勢的吉凶。

三盤論時間—本命＋大限＋流年三種命盤同時論述時，就可以精論流年運勢的時間。

四盤論避災—本命+大限+流年+流月四種命盤同時論述時，就可以精準掌握趨吉避凶。

五盤論富貴—本命+大限+流年+流月+流日五種命盤同時論述時，就可以精論掌握富貴良機。

六、【算命問法】：

現在決定的事【怎麼問】？

〔一問〕—我會發生什麼事？

〔二問〕—我應該怎麼做？

〔三問〕—對我以後有什麼影響？

七、【陽宅問法】：

陽宅風水【怎麼問】？

〔一問〕—我現在住的房子吉凶如何？

〔二問〕—凶象時，我應該怎麼做？

〔三問〕—對我以後有什麼影響？

總之，算命的基本分類，〔命理篇〕分析命理與地理的吉凶，〔格局篇〕分析命中俱足的優勢，﹁用神篇﹂分析人事物的定位，﹁運勢篇﹂分析人生起浮時間點的掌握，﹁算命篇﹂分析算命變成算運的過程，﹁感情篇﹂分析人生的愛恨情仇，﹁行業篇﹂分析行業別決定賺錢時間的長短，﹁宗教篇﹂分析前世今生與七世因果的影響，﹁投資篇﹂分析創業決定人生的富貴，﹁偏財篇﹂分析賺錢福報的大小，﹁改運與轉運篇﹂分析好運與壞運應如何趨吉避凶；﹁衰運來了，怎麼辦？﹂分析壞運持續中，必須做那一件事，才能讓壞運快速降低或中止；﹁好運來了，怎麼知道？﹂分析好運未來前，必須做那一件事，才能讓好運加倍或快速來臨。完整的算命分類就能精準掌握人生的高潮與低潮。好運時，全力以赴，創造高峰；壞運時，培養人生第二專長，準備東山再起。

一、【命理篇】

一、天命形成的條件

【天命的軌跡】

1. 〔星辰〕：論述本性與格局大小的因緣〔現象學〕。
2. 〔飛星四化〕：論述兩個宮位重疊後的現象〔空間學〕。
3. 〔生年四化〕：論述人、事、物用神的時間〔時間學〕。
4. 〔自化〕：論述未來人、事、物的吉凶〔吉凶學〕。
5. 〔左右昌曲〕：論述前世與今生的因果關係〔宗教學〕。

【天命的分類】

1. 現象學決定格局大小〔如建築之平面圖〕。
2. 空間學決定事物真偽〔如建築之立體圖〕。
3. 時間學決定利益之終始。
4. 吉凶學決定富貴之有無。
5. 宗教學決定前世之因果。

【天地人的命運表】

三才／吉凶	天	地	人
命	本命命盤 先天命格 在天成象 形上學		
運		大命命盤 後天運勢 在地成形 形下學	
吉凶			流年命盤 做對因緣 在人成事 時間學

二、命理的分類

【命理分類】

1. 論命—本命命盤（現象學）。
2. 論運—大命命盤（時間學）。
3. 流年—流年命盤（吉凶學）。
4. 貴人—流月命盤（改運學）。
5. 富貴—流日命盤（福報學）。

【地理分類】

1. 地氣：龍脈之位置。
2. 地運：龍脈之方向。
3. 吉凶：體用之關係。

【吉凶形成要件】

1. 單象不成物—先天俱足的因緣（現象）。
2. 雙象成物對—後天運勢的吉凶（物相）。
3. 三象成一物—生涯規劃的選擇（吉凶）。
4. 四象定一元—三元不敗的奧秘（轉運）。

三、人生的規劃：創業應該如何規劃？

【成功的時間】

〔範圍〕：一〇〇／二至一〇六／八為創業賺錢的時間點。

〔實例〕：如抓黑鮪魚的時間為每年四月至六月。

【成功的要素】

〔範圍〕：創業者要滿足專業、合夥、主導、競爭地點……等必要條件。

〔實例〕：如人類生存的三要素：空氣、陽光、水。

【成功的態度】

〔範圍〕：創業者要有強勢、強要、強求、不怕是非、不怕競爭的態度。

〔實例〕：如抓黑鮪魚所需要的整體規劃方向、方法、員工素質……等條件。

【成功的生肖】

〔範圍〕：一〇〇／二兔、蛇、羊為事業小人轉貴人的分界點。

〔實例〕：一〇〇／二兔、蛇、羊生肖為小人轉貴人的分界點。

【成功的矛盾】

〔範圍〕：創業成功者常常需要再次變化後，才能往成功的路上走。

〔實例〕：如事業必須經過員工的大離職潮，才是擴大事業的開始。

二、【格局篇】

一、何謂單象命盤

本宮		對宮
命	————	遷
兄	————	友
夫	————	官
子	————	田
財	————	福
疾	————	父

【何謂單象命盤】

【定義】生年四化星之本宮＋對宮合起來只有一個M質謂之。

命＋遷兩宮位只有一個M質。

兄＋友兩宮位只有一個M質。

夫＋官兩宮位只有一個M質。

子＋田兩宮位只有一個M質。

財＋福兩宮位只有一個M質。
疾＋父兩宮位只有一個M質。

【單象命盤單獨論命，也是完整的論命方式之一】

（命、財、官有M質）－為自力更生的命格，解釋依靠自己個人的努力就能成功。
（兄、友、遷有M質）－為出外逢貴的命格，解釋出外才能順利發展而成就事業。
（夫、疾有M質）－為天賜良緣的命格，解釋感情天注定，正宮娘娘的命。
（父、子有M質）－為博學旺運的命格，解釋讀書或學東西可以改運轉運。
（福、田有M質）－為祖蔭福報的命格，解釋少數興趣可以賺大錢的人。

二、何謂雙象命盤

本宮與對宮的關係

本宮		對宮
命	－－－－－－－－－－	遷
兄	－－－－－－－－－－	友
夫	－－－－－－－－－－	官
子	－－－－－－－－－－	田

財——————福

疾——————父

【何謂雙象命盤】：

1. 任何一個宮位有兩個M質。
2. 本宮與對宮各有一個M質。
3. 一個宮位有三個M質。
4. 雙象命盤單獨論命，也是完整的論命方式之一。

三、格局的分類：

【祿權—尊星高照格】：

—劉邦：大丈夫當如是也。

—〈實例解釋〉：男人應該跟大人物一樣有企圖心，才能成就一番事業。

—主管、老闆、專業的命格。

—生意中的廝殺為其天性。

—無魚蝦先吃的天性，故常常誤判機會的來臨。

—有條件取代別人地位的〈真小人〉。

—雙贏的代言人，但不適合趕盡殺絕。
〔代表人物〕：生意人與金光黨。
〔上天禮物〕：錢。
〔成功個性〕：當別人說你現實時，表示已經在成功路上。

【祿科—因緣共業格】

—布袋和尚：手把青秧插滿田，低頭便見水中天；心地清淨方為道，退步原來是向前。
—〔實例解釋〕：命中的富貴不是強求而來，而是等待因緣成熟時。
—隨性因緣與合夥合作的命格。
—穩定中求發展，為臣不為君的格局。
—才華與能幹必須靠朋友出賣或由外人訓練出來。
—以柔克剛、以退為進、以和為貴的命格。
—無所求之心反而會得到意想不到的利益。
〔代表人物〕：團隊人與上班族。
〔上天禮物〕：人。
〔成功個性〕：改變以前失敗的做法，人生才會變彩色。

【祿忌—楊花水性格】

—徐志摩：悄悄的我走了，正如我悄悄的來；我揮一揮衣袖，不帶走一片雲彩。

—﹝實例解釋﹞：分手是為了走更長遠的路，落花不是無情物，化作春泥更護花。

—人、事、物的緣份不長久。

—牆頭草，兩邊倒的格局。

—人事物都是階段性的任務。

—用﹝多數﹞人事物來代替無情的因緣。

—不可以留戀保證班、舊客戶、舊緣份。

—往前走、往上爬的心可以化解凶象。

—不可沉醉於過去美好的戰役或惡夢一場。

—急流勇退代替被迫選擇的命格。

﹝代表人物﹞：時尚族與過客。

﹝上天禮物﹞：才。

﹝成功個性﹞：面臨抉擇時，利益的方向為生機。

【權科—巧藝安身格】

—楚留香：千山我獨行，不必相送……雲彩揮去卻不去，贏得一身清風。

—〔實例解釋〕：成功的路上總是孤獨，必須經過〔興趣、專業、堅持〕的長久過程。

—人生太重感情，文學的天賦會受到限制。

—組織與派系為事業的利益方向。

—排除異己，堅持在同行、同類、同門中嶄露頭角。

—主事者的左右手，富貴的代言人。

—唯一可以雙修（多元）或最懂得享受感情的命格。

—成就的路上必先學會獨立後再夫妻共業發展。

—這是依靠另一半成名成就的命格。

—風流才子的命格，異性緣特別強。

—有本事後才可以吸引別人的目光。

〔代表人物〕：傳承人與偏才。

〔上天禮物〕：名。

〔成功個性〕：傳承之心為人生最大的福報。

【權忌—物競天擇格】

—項羽：吾可取而代之。
—〔實例解釋〕：必須勇敢的接受人生任何的挑戰，才能成就一番大事業。
—人生沒有中間地帶，公平、公正、公開為其天性。
—大公無私的大愛為其代名詞。
—特定的愛恨情仇，一怒為紅顏的命格。
—競爭之心，沒有回頭路。
〔代表人物〕：執行長與幫凶。
〔上天禮物〕：權。
〔成功個性〕：當別人攻擊你時，表示已經成功一半。

【科忌—冬藏蛻變格】

—杜秋娘：勸君莫惜金縷衣，勸君惜取少年時；有花堪折直需折，莫待無花空折枝。
—〔實例解釋〕：人生的重點是把握兩次堅持事業的機會，不能為愛改變初衷。
—被動會讓人失去很多機會，博學旺運後才能擺脫感情的糾纏。
—甘願做，歡喜受的命格。
—人生最大的錯誤是隨性因緣。

—必須經歷二次以上過客，才能找到有情人（或事物同論）。
〔代表人物〕：幕僚長與村姑。
〔上天禮物〕：人。
〔成功個性〕：往前走的心，可以化解過去怨恨的輪迴。

四、格局的特性

【祿權格】

〔格成〕—表現的是〔奸〕。

—賺錢時，才會表現出能幹與奸巧的天性。

〔格敗〕—表現的是〔柔〕。

—失敗後，求生存會看別人臉色。

【祿忌格】

〔格成〕—表現的是〔硬〕。

—賺錢時，才會表現出狠角色的天性。

〔格敗〕—表現的是〔怕〕。

—被人幹掉後，遇事會心生害怕。

【權科格】

〔格成〕─表現的是〔文〕。

─賺錢時，才會表現出假會的天性。

〔格敗〕─表現的是〔假〕。

─表現不如人，常會以假面具對人。

【權忌格】

〔格成〕─表現的是〔衝〕。

─賺錢時，才會表現出創新革新的天性。

〔格敗〕─表現的是〔壞〕。

─主角當不成，變成壞人的幫兇。

【科忌格】

〔格成〕─表現的是〔精〕。

─賺錢時，才會表現出女強人的天性。

〔格敗〕─表現的是〔怪〕。

─連續挫折後，個性會變孤僻。

五、華山派如何看命盤說故事？

【實例】乙女 三十七歲（碩士班在）

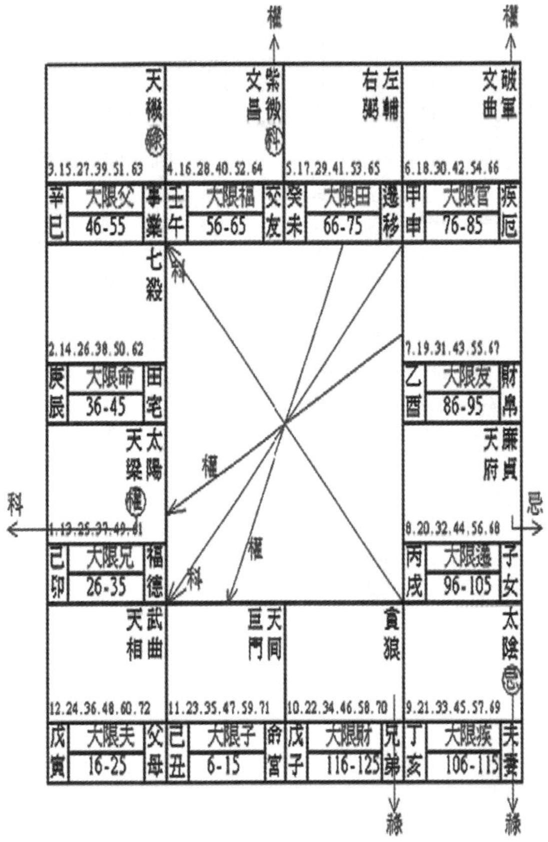

問：感情被欺騙後應該如何規劃未來的感情？

【格局】楊花水性的命格

【特性】

—人、事、物因緣不長久的命格。

—有幹掉別人或被別人幹掉的天性。

—聚少離多的男人是真命天子。

【現況】：民國九十九年未婚夫娶別人，本人不知情。

【公式解盤】

—大夫化權入本夫：走正緣的運。

—本子化祿入大子：走桃花的運〔三角關係〕。

—大夫化忌沖本夫：走婚姻無情的運。

—華山派的學生都知道所有的解盤方式一定會出現矛盾現象，真正的高手才能解答矛盾的命盤。

—大限夫妻化忌沖本命夫妻，也為九十八年的流年夫妻，這是標準的三盤論命法，本命夫妻與大限夫妻與流年夫妻形成三盤同樣現象。故確定上一段感情已經結束。

—一般人的情感皆要經歷不甘願、不相信、不認命、不放手、自欺欺人及被他人蹧蹋的過程後，才會明白一切的因緣，其實冥冥中早已注定。

【未來姻緣】

1. 三角關係中的老夫是真命天子，為什麼？
—大夫〔本父〕化忌冲本夫：老夫不會娶她。
—本子化祿入大子〔祿隨忌走入本夫〕：年輕丈夫也不會娶她。
—大夫〔本父〕化權入本夫：只有老夫才能照顧她的生活。
—本子自化忌，法象在本夫：桃花〔三角關係〕是真命天子。

2. 如何證明未來的老夫是正緣？
—四六／五五大限，大限夫妻宮天梁化權：有條件的老夫是正緣【天梁星為老人壽星】。

總之，華山派的解盤方式與切入的技巧變化萬千；因個人職業別不同或因職務性質不同或因個人喜好不同，論命的角度與方式就會不一樣。故此命盤感情的規劃方向，只是眾多規劃之一，絕對不是唯一方式。因此，現象學一定要從廣義的角度推論，才不會落入死胡同的論述。行筆至此，感慨時下江湖術士之誤人誤事的荒謬，但也慶幸華山派命理學能對社會有所貢獻。

三、【用神篇】

一、何謂用神

1. 狹義的用神：為特殊專用的單位名稱。例如，一個人、一條魚、一隻狗……等等。
2. 廣義的用神：為人、事、物的名稱。例如，祿論述〔物〕，權論述〔事〕，科論述〔人〕。

二、四化的用神

四化	用神
祿	物
權	事
科	人
忌	吉凶 終始

〔物〕—表示賺錢、工作、投資。

〔事〕—表示工作、事業、成就。

〔人〕—表示興趣、名聲、成名。

〔吉凶〕—表示一切人、事、物的緣起與緣滅。

三、十二宮位的用神

1. 命宮：乃所有宮位的用神。
2. 兄弟宮：乃兄弟、驛馬……的用神。
3. 夫妻宮：乃緣份、桃花、正緣……的用神。
4. 子女宮：乃緣份、桃花、意外……的用神。
5. 財帛宮：乃工作、投資、正緣、緣份……的用神。
6. 疾厄宮：乃勞碌、健康、意外、緣份……的用神。
7. 遷移宮：乃外務、業務、意外、緣份……的用神。
8. 交友宮：乃朋友、過客、眾生、緣份……的用神。
9. 官祿宮：乃工作、創業、成就、緣份……的用神。
10. 田宅宮：乃家庭、住宅、不動產、緣份……的用神。
11. 福德宮：乃福報、興趣、享受、公媽、緣份……的用神。
12. 父母宮：乃上司、老闆、老師、父母、宗教、緣份…的用神。

四、職業別的用神

1. 命理：用神在父、子、官的宮位。
2. 宗教：用神在兄、友、子、父的宮位。
3. 高官：用神在父、官的宮位。
4. 選舉：用神在兄、友、子、官的宮位。
5. 教書：用神在父、子、官的宮位。
6. 投資：用神在命、財、官的宮位。
7. 投機：用神在財、父的宮位。
8. 訴訟：用神在父、官的宮位。
9. 意外：用神在命、遷、子、田的宮位。
10. 直銷：用神在兄、友、子、官的宮位。
11. 保險：用神在兄、友、子、官的宮位。
12. 仲介：用神在兄、友、官、父的宮位。
13. 網拍：用神在田、官、父的宮位。
14. 夜市：用神在兄、友、官、父的宮位。

15. 會計：用神在財、官、父的宮位。
16. 批發商：用神在子、父、官的宮位。
17. 貿易商：用神在子、遷、官的宮位。
18. 不動產：用神在田、官的宮位。

五、行業別的選擇

【專業帳務審核】

〔用神〕：

—用神在財、官、父的宮位。

〔行業〕：

—目前四四至五三大限的成功指數九五％，因其做對行業之宮位因緣。

〔公式〕：

—本命財帛宮化權又自化權，適合會計、理財、記帳、審核、金融…等工作。

—大財〔本命〕化權入本財〔大官〕。這是會計、理財、記帳、審核、金融……等行業最好的運勢。

【專業命理老師】

〔用神〕：

－用神在父、子、官的宮位。

〔行業〕：

－目前四四至五三大限的成功指數九〇％，因其做對行業之宮位因緣。

－未來五四至六三大限的成功指數九五％，因其做對行業之宮位因緣。

〔公式〕：

－本命子女宮有生年忌星與命財官遷有天字星辰，表示命中注定適合老師的行業。

－四四至五三大限之大子〔本父〕化科入本子〔生年忌星〕，表示此運適合學習或教學命理。

－五四至六三大限之大父有生年祿星又自化祿。

－大官〔本子〕有生年忌星。

－大子化權。忌入大父〔生年祿星〕。

－以上皆表示命中與運勢都可以從事命理工作。

【實例】辛女五十歲（專業帳務審核）

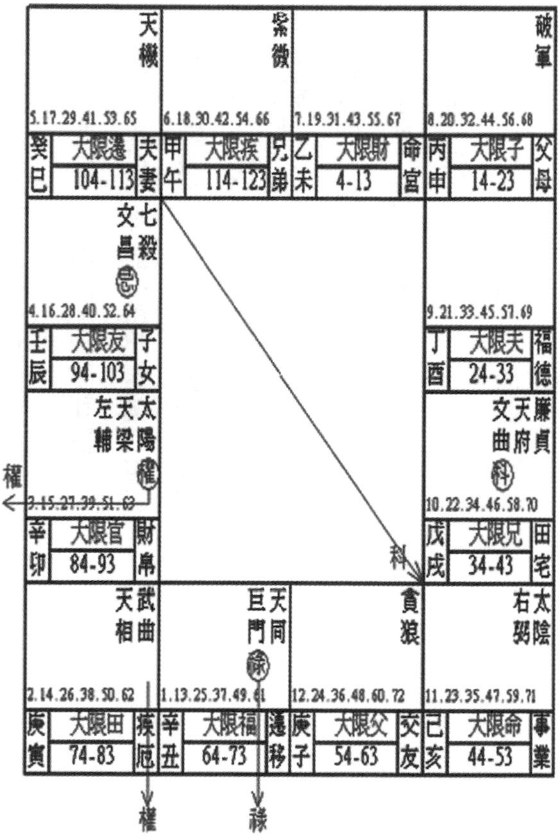
天機
5.17.29.41.53.65
癸巳 大限遷 104-113 夫妻
紫微
6.18.30.42.54.66
甲午 大限疾 114-123 兄弟
7.19.31.43.55.67
乙未 大限財 4-13 命宮
破軍
8.20.32.44.56.68
丙申 大限子 14-23 父母
七殺 文昌 忌
4.16.28.40.52.64
壬辰 大限友 94-103 子女
9.21.33.45.57.69
丁酉 大限夫 24-33 福德
太陽 權 天梁 左輔
權
3.15.27.39.51.63
辛卯 大限官 84-93 財帛
廉貞 天府 文曲 科
10.22.34.46.58.70
戊戌 大限兄 34-43 田宅
科
武曲 天相
2.14.26.38.50.62
庚寅 大限田 74-83 疾厄
天同 巨門 祿
1.13.25.37.49.61
辛丑 大限福 64-73 遷移
貪狼
12.24.36.48.60.72
庚子 大限父 54-63 交友
太陰 右弼
11.23.35.47.59.71
己亥 大限命 44-53 事業
權
祿

四、【運勢篇】

【運勢的軌跡篇】

一、〔命運三波段〕：論大限

—第一波段：準備條件大於利益方向。

—第二波段：利益中再學習第二專業。

—第三波段：人生最後一波的攻擊期。

二、〔運勢三部曲〕：論流年

—改變期：勇敢改變現狀。

—成熟期：穩健的往上爬。

—攻擊期：邁大步向前衝。

三、〔人生兩段情〕

—有兩段以上不同的格局命盤。

—有兩段以上不同的職業選擇。

—有兩段以上不同的人生際遇。

四、〔不變的格局〕

〔好運時〕：

權忌格—強硬九五％。

祿忌格—強硬八〇％。

祿權、權科格—強硬八五％。

祿科、科忌格—強硬七〇％。

〔壞運時〕：

權忌格—強硬七〇％。

祿忌格—強硬五五％。

祿權、權科格—強硬六〇％。

祿科、科忌格—強硬四五％。

五、〔連續的大限〕

—不同運勢，大限與大限彼此間是橫跨而不中斷。

—不同生肖，有不一樣之〔貴人與小人〕的時間點。

—不同職業，有不一樣之〔時間與吉凶〕的緣起點。

六、〔論運的技巧〕：論運第一重要的事。

— 連續性：論運的技巧首重同一件事情從頭至尾都不可偏離主題。只有不懂命理的人才會東扯西扯一大堆無用的內容。

— 一致性：論運的技巧第二重點在論述的內容，第一點與第二點一定要有關，第二點與第三點一定要有關……以此類推。絕不可偏離主題。

【實例】丁男五十四歲（碩士職業班課程）

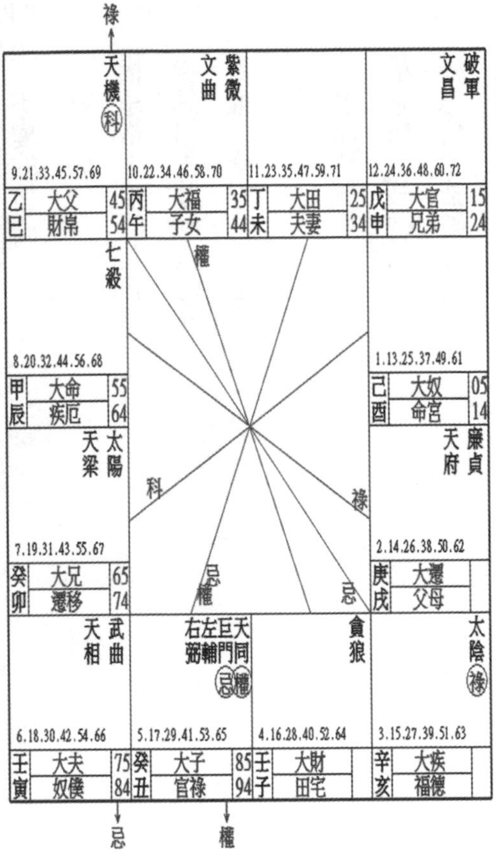

1. 這是兩段情的雙象命格，人生有兩段不同的人生際遇。

2. 第二、三、四大限從事法務工作【面對人生第一波好運，事先培養命理條件。這是準備條件大於得到利益的運勢】。

3. 第五大限從事命理教學【人生第二波好運為利益中再學習新的專業】。

—民國八十八至九十三年在家教書。【連續的大限—民國八十八年開始教書】。

—民國九十年開始乃加速成名的運勢（大命有生年科星）。

—民國九十三至九十九年在外教書。

4. 第六大限乃華山派成名的運勢【人生最後一波攻擊運】。

—必須運用華山派團隊的力量，創造雙贏互利的局面。

—這也是成就學生與學生成名的運勢（大子有生年權忌）。

5. 民國九十七、九十八、九十九年為【勇敢改變現狀的時間】。

（連續的大限，華山派的團隊運勢提前三年來臨）。

6. 民國一〇〇、一〇一年為【穩健往上爬的時間】。

7. 民國一〇二年開始為【邁大步向前衝的時間】。

五、【算命篇】

一、如何正確算命

【前言】

命－先天俱足的因緣【現象】。

運－後天運勢的吉凶【時間】。

論命－論述命格本性及命中注定的事。

論運－預知人、事、物的時間與吉凶。

二、傳統的論命方式

－只論述命中會發生的事。﹝現象﹞

－只論述先天命格、個性、喜好、顏色、數字……等簡單的現象。

－只會幾種不同派系的現象公式，就會不斷的重複論述相同的現象。

三、華山派如何論流年

本命命盤：命中注定的事情﹝體﹞。

大命盤：十年的運勢規劃〔用〕。

流年命盤：一年的人、事、物吉凶。

【公式】

—〔體〕與〔用〕要同時存在+相同的現象，才能確定人事的時間與方向。

—本命、大命、流年三盤要同時存在，才能精算出流年的時間與吉凶。

華山派論命與論運〔實例一〕丁男五十四歲

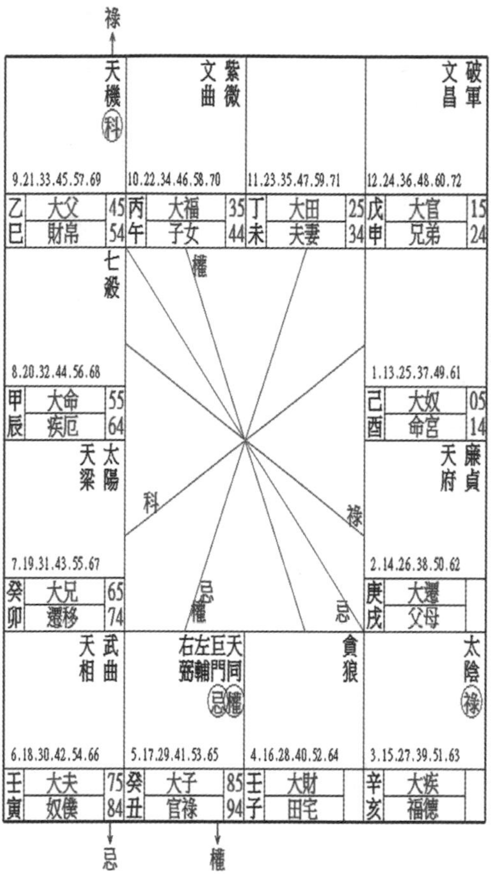

一、論命【天生命格】

〔**老師命格**〕

—命、財、官、遷四個宮位有天字星辰（天府、天相、天梁、天機、天同）。這是帶天命的老師命格。

—命、財、官三個宮位有科星。這是博學旺運的老師命格。

—十二宮位有科星自化M質。這是學以致用的老師命格。

〔**物競天擇的命格**〕：

—雙象之權忌命格，乃適者生存的人，人生沒有中間地帶，不是幹掉別人，就是被別人幹掉；不是活得很精彩，就是死得很難看。這是獨立、果斷、是非、競爭、富貴險中求的格局。

—此命格乃是非衝突的當下就是利益之所在。

—二〇一〇年亞運跆拳道選手楊淑君小姐就是最好的明証。她因取得奧運資格賽而理光頭誓言奧運奪〔金〕，也因韓籍裁判不公不義的栽贓而獲聘台北教育大學助理教授，故不公不義的韓籍裁判是楊淑君的貴人。

—二〇一六年黃安是周子瑜的貴人，他讓子瑜在短短三個月內接了十個廣告，替公司賺進五仟萬元。

二、論運【公式分析】

〔大限四五／五四〕

—大命有科星，走學術與成名的運勢。

—大財（木官）有權星、忌星兩顆星，也走是非、競爭、強求的運勢。

—大遷有祿星，出外求財乃功成名就的條件。

〔完整論運〕

—天生老師的命格，在四五／五四的大限，要以學術的思維〔科星〕、求新求變的革新〔天生命格〕，讓自己走上成名的方向。

—不怕是非與競爭〔權忌〕，全面性的向外求發展，這是通往富貴的捷徑。

華山派論運〔實例二〕乙男四十六歲（廣告業）

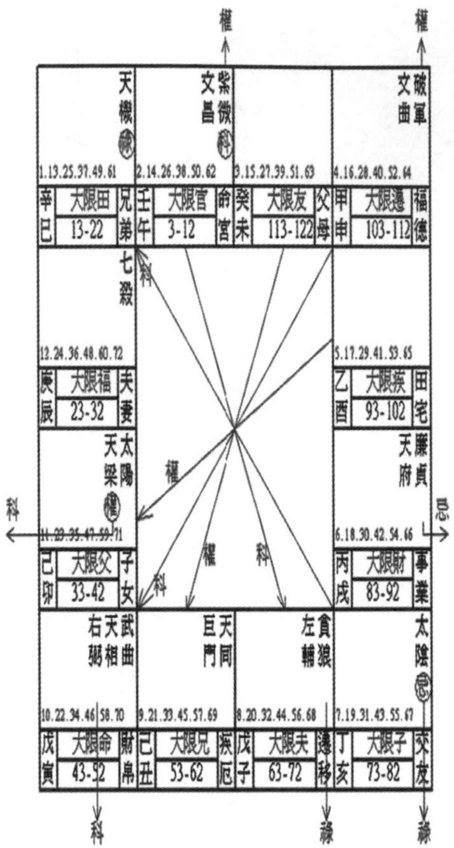

一、問可否轉行不動產業？

【論運公式分析】

一大田有祿星，原表示做不動產會賺錢，但因本田化忌冲大田〔又遇忌星〕，不能以此行業維生。

一大官有科星，科星乃緣續之運，所以，繼續原來的廣告業是目前最大的利益之所在。

【完整論運】

—還不是轉戰不動產行業的最佳時機。

—雖然投資不動產會賺錢（大田有祿星），但它為短期性質，長期投資會套牢（忌冲大田）。走原來的廣告業乃目前最大的利益（大官化科為舊愛因緣），因為還在廣告業的福報中（大父有權）。

二、問合夥的建設公司是否應該結束？

【論運公式分析】

—本命子女宮（合夥位）化忌冲大命，表示此大限不宜合夥做生意。

—本子（有權星）化祿入四三至五二大限，表示此大限可以合夥做生意。這是矛盾的命盤。所有命盤幾乎都會出現互相矛盾的現象，所以，可以論述矛盾現象與吉凶的人，才是真正高手中的高手。

【完整論運】

—合夥的建設公司會結束營業。

—本命子女宮（合夥位）化忌冲大命在寅宮位（九十九年），表示過了民國九十九年五月之後，才可以開始做合夥的生意；也就是，說民國九十九年之前的合夥生意會結束。合夥的事業，民國九十九年確定為緣起與緣滅的分界點。

六、【感情篇】

〔感情的定義〕

一、正緣－對的時間，遇到對的人。傷心指數百分之九〇以上。
－真命天子（天女）的感情，每個人一生中都會有兩次以上的正緣出現。

二、桃花－不對的時間，遇到對的人。傷心指數百分之七五以上。
－三角關係的感情，不是每個人一生中都會出現的情緣。

三、過客－不對的時間，遇到不對的人。傷心指數百分之六〇以上。
－來得快、去得快的感情，只有一個〔衰〕字可以形容，認命吧！下一個會更好。

四、以夫妻為定位－夫妻宮為有緣有份，子女宮為有緣無份。

五、以桃花為定位－子女宮為有緣有份，交友宮為有緣無份。

六、以過客為定位－奴僕宮為有緣有份，其他宮為無緣無份。

〔感情的分類〕

一、夫妻宮－真命天子的宮位，感情來得較長久恩愛。這是上天恩賜愛的禮物。【累世的因果】、【百年修得同船渡，千年修得共枕眠】。

二、子女宮—三角關係的宮位，感情必需經歷考驗與折磨期。這是現代人常會發生的戀情。【甜蜜的負擔】。

三、交友宮—過客因緣的宮位，以宗教的觀點，這是修成正果前所必須經歷的折磨事。【青澀的戀情】。

〔過去的戀情〕

〔前言〕

—已發生的事情一〇〇%在命盤上很容易被看出來，故命理老師論述已發生的事情，論命的專業指數三〇分。

—真正的命理學乃預知人、事、物之未來結果。

—時下命理業者大多數是依據求助者主動告知的事實，再用其社會歷練而簡單籠統分析〔對與錯。好與不好。可以與不可以〕的是非題。

〔**實例**〕癸男六十歲

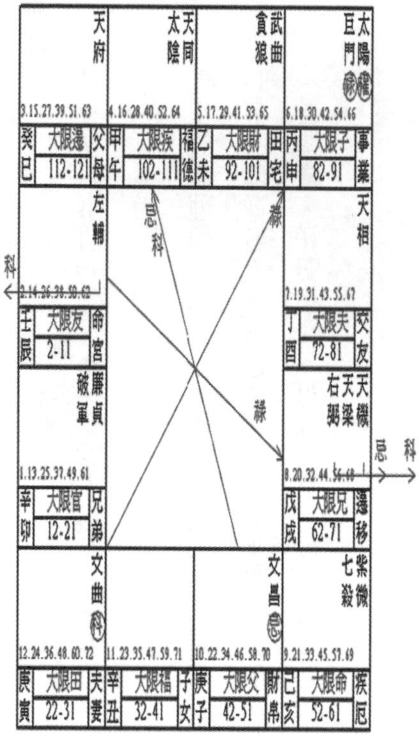

一、二十二歲奉子結婚。二十八歲離婚。

〔**公式**〕：

1. 22-31 大限有生年科與大夫有生年忌。表示此大限二十二歲結婚。
2. 大命【本夫】有生年科，大子化忌入大命。表示會奉子女之命而結婚。
3. 本夫〔大命〕化忌冲大夫〔有生年忌〕。故二十八歲前是離婚的緣份。

二、三十七歲至五十八歲與生肖虎的女人來往。

〔**公式**〕：

1. 同居的感情視同結婚緣份。

2. 感情乃天賜良緣，緣份較長久。因為，大夫化忌入本夫乃正緣的時間。

3. 三十七歲認識的女人，又逢自己的生肖屬兔，故宮位化科入本夫〔生年科〕，緣份自然最長久。這是論生肖與流年之公式最好的證明。

三、民國九十六年三月認識生肖猴，同年八月十五日分手。

〔**公式**〕：

1. 九十五年〔五十六歲〕開始，運勢走無情的緣份，尤其生肖猴的女人最無情，故緣份最短暫。

2. 五二至六一夫化忌冲本夫，乃緣份最無情的時間。大夫化忌入猴位，也冲本夫，故生肖猴的女人最無情。

四、民國九十六年九月九日認識生肖豬，目前還在交往。

〔**公式**〕：

1. 大子有生年祿，祿隨忌走，忌在大父（本財），本子化忌也入大父（本財）。這是三角關係的無情姻緣。

2. 三角關係的無情姻緣本會分手，但因其做對因緣，故與生肖豬的女人交往自然還不會分手。

3. 教書與不常住在一起的感情，可以化解三角關係的情緣或分手的無情緣份。

五、未來的真愛

〔公式〕：

1. 民國一〇一年的感情，只要還在教書與不常住在一起的因緣裡，很不容易分手，因為還在桃花的緣份。

2. 未來感情有八十五分，這是很容易得到新感情的時間。大夫有生年祿權兩顆星。

3. 民國一〇一年開始花錢的女人才是真愛。因大夫有生年祿星，祿又隨忌走入本財忌星。本夫化忌入大財冲本財忌星。

4. 民國一〇一年開始遇到的真命天女，個性會跟以前不一樣，或自己喜歡的類型改變了。因本夫有生年科星，大夫卻是權星。

5. 民國一〇一年開始也是真愛與正緣的緣起緣份。因流年【本夫】化祿入大夫。

七、【行業篇】

華山派以格局決定行業的種類，而格局的形成是依據雙象命盤而定。雙象命盤又分單象之雙象命盤與雙象命盤兩種。雙象命盤在本書〈格局篇〉有詳細分析，而單象命盤因複雜性較高，請容作者在職業班詳述。現就行業的問題分門別類分析如下：

一、古今行業別

【傳統的行業別】

—傳統的論命方式將行業分成簡單的金、木、水、火、土五種【五行】，其最大的缺點是分不清楚各種行業的屬性。以命理老師為例，專職算命、專職教書、兼職老師、開館老闆、受雇老師、撿骨老師……等等不同老師的屬性，五行中到底要怎麼定位清楚，傳統命理老師自己也搞不清楚。

【華山派行業別】

—華山派的論命方式是先將行業別分成六大類型，再用各種四化公式與宮位重疊推算出個人真正格局，最後把各種行業精細分類後求出對個人最有利的行業屬性。故求出的行業不但符合命中注定的本性優勢，更符合個人當下賺錢的最大利益。

二、行業的分類

【祿權格局】

—適合商場上廝殺的行業。
—適合快速當老闆的行業。
—適合主管、老闆、專業的工作。
—適合利大於名或專業大於利益的行業。

【祿科格局】

—適合名聲與加盟為主導的行業。
—適合穩定或風險性不大的行業。
—適合合夥、合作、加盟、仲介的行業。
—適合上班、幕僚、代工、個人工作室。

【祿忌格局】

—適合獨當一面的競爭行業。
—適合選擇當下最有利的行業。
—適合模仿與變化性較大的行業。
—適合表現自己或推銷自己的行業。

【權科格局】

—適合穩定性高，永續經營的行業。

—適合專業與名聲同時存在的行業。

—適合文書、老師、藝術、設計的行業。

—適合文藝、才藝、幕僚、顧問的行業。

【權忌格局】

—適合熱門、高科技或求新求變的行業。

—適合公益、眾生、是非、競爭的行業。

—適合法律、軍警、熱門、流行的行業。

—適合老師、專技、口碑、權威的行業。

【科忌格局】

—適合穩定中求發展的行業。

—適合合作、合夥、加盟為主導的行業。

—適合保守、穩健、家族、團隊的行業。

—適合幕僚、設計、企劃、文字工作者的行業。

—適合特殊、冷門、文學、文教、老師的行業。

三、行業的優勢

【祿權格局】

—聰明、熱忱、積極、效率為其天性。

—廣結善緣為最大利益。

【祿科格局】

—配合、耐心、細心、執行為其天性。

—利益分享為最大利益。

【祿忌格局】

—獨立、努力、上進、務實為其天性。

—攀附權貴為最大利益。

【權科格局】

—自負、恆心、巧思、精進為其天性。

—堅持到底為最大利益。

【權忌格局】

—求新、求變、主導、革新為其天性。

—物競天擇為最大利益。

【科忌格局】

—多情、念舊、穩定、內斂為其天性。

—脫胎換骨為最大利益。

【命盤實例】己女

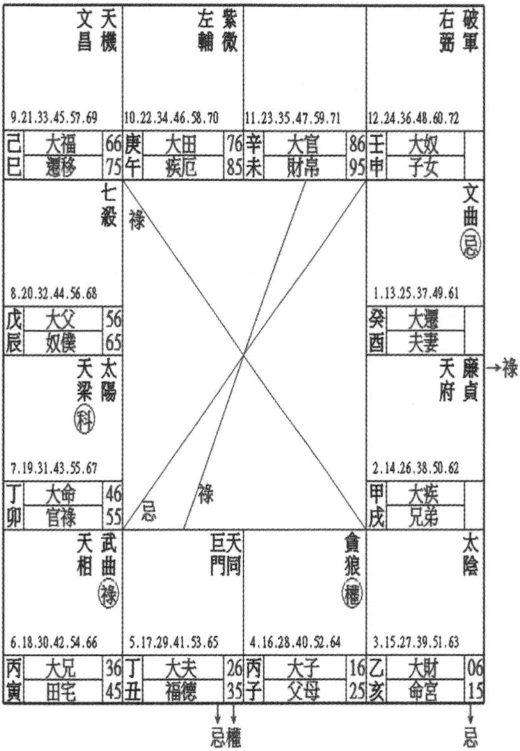

四、行業的選擇

【先天行業的優勢】

—多情、念舊、穩定、內斂為其天性。人生脫胎換骨後才轉為最大利益。

—本父有生年權，乃有福報與長上提攜之人，也為老師命格。

—本官有生年科，有成就事業的條件，也為老師命格。

【後天大限的優勢】大限二六至三五

〔優勢〕—本官有科，本父有權，大兄有權，大父有祿。

〔代書〕—八十九年準備三個月考上代書，代書工作一年多後轉戰直銷行業。

〔直銷〕—九十一年加入直銷行業，短短一年內直升總監，年薪數百萬元。這除了個人勤奮努力外，大限的好運更占了最重要的因素。

〔公式〕—流年切入法。【博士班課程】

—直接以流年反推大限與本命的緣份。

〔代書〕—八十九年（三十二歲）化祿入本父（生年權），化權入本命。大官化權入本父（生年權），大父（生年祿）化權入大官。本官又化權回大命，形成本命與本父，大命與本官。大官都有權星組合，九十一年流父也剛巧為大官的位置。

〔直銷〕——九十一年化祿入本官，化權入大父（生年祿），化科入本命，化忌入大命（二六／三五）。其餘公式相同【務必把第一條公式內容延續使用到第二條公式】。

〔公式〕——代書的內容務必牢記，再加上直銷的內容，所求出的緣份才能精闢完整。

【目前選擇的行業—命理老師】

〔老師用神〕——用神在父、子、官的宮位。

〔天生命格〕——本父有生年權，本官有生年科，本命、財、官、遷有天字星辰。這都是老師的命格。

〔後天運勢〕——三五／四六大父有生年科星，四六／五五大命有生年科星，大子有生年權星（本父）。連續兩個大限有老師命格最好的運勢。

八、【投資篇】

四化的用神

〔人〕—表示感情、名聲、成名。

〔事〕—表示工作、事業、成就。

〔物〕—表示賺錢、工作、投資。

〔吉凶〕—表示一切人、事、物的緣起與緣滅。

四化	祿	權	科	忌
用神	物	事	人	吉凶終始

投資的分類

〔獨資〕—不論投資金額大小，一個人投資全部資金，風險也由個人承擔。

〔合夥〕—兩個人以上的投資，利益與風險皆由合夥股東一起承擔。

先天投資命

〔投資宮位〕

1. 升遷在父母宮。
2. 創業在命、財、官。
3. 合夥在子女宮。

〔投資用神〕

1. 正財：用神為命、財、官有M質。
2. 不動產：用神為田、官有M質。
3. 靈骨塔：用神為財、田、父有M質。

〔投資大小〕

1. 科、忌為穩定中求發展（小）。
2. 祿、權為富貴險中求（大）。
3. 大限三方四正有兩個M質，投資金額可以為想投資額的上限。

我的投資路

〔本命〕

1. 本財祿隨忌走沖本命，命中注定有損財的命格。
2. 本財有左輔星，投資的路上必須經歷跌跌撞撞的過程，人生投資路才能變彩色。

〔投資〕

1. 民國八十年合夥創業，八十一年被倒債一百多萬元，經歷訴訟程序追回一部分。

〔公式〕

1. 因大財化忌沖本子，本子祿隨忌走沖本命，大子化忌到對宮沖回大子，故只要是合夥的事業注定要損財。
2. 民國八十一年投資靈骨塔位，八十五年只拿回成本。

〔公式〕

1. 靈骨塔位的用神為財、田、父三個宮位。
2. 因生年忌星（本遷）沖大父，本田化忌入大財，大田化忌沖大財，大父化忌入大財，本屬不利的投資。但是，大財有生年權星與大父有生年科星，所以可以拿回本錢。
3. 民國八十二年購買不動產（預售屋），八十四年出售賠錢。

〔公式〕

1. 不動產的投資可以延續公式二的因緣，民國八十三年前的投資都是不利的緣份。
2. 民國九十五年以生肖牛的名義投資不動產，九十六年賣掉也損失近百萬元。

〔公式〕

1. 民國九十五年（三十七歲）這是第四大限（三五／四四）的時空。
2. 因大疾生年忌星冲大父，大田與大父皆冲本父，而大父的宮位又逢牛位，故不動產的投資是不利的緣份。
3. 因大田與大父皆冲本父，而本父的宮位正是民國九十八年的流田，故九十八年以後的不動產投資才能賺錢。

〔實例〕庚女四十一歲

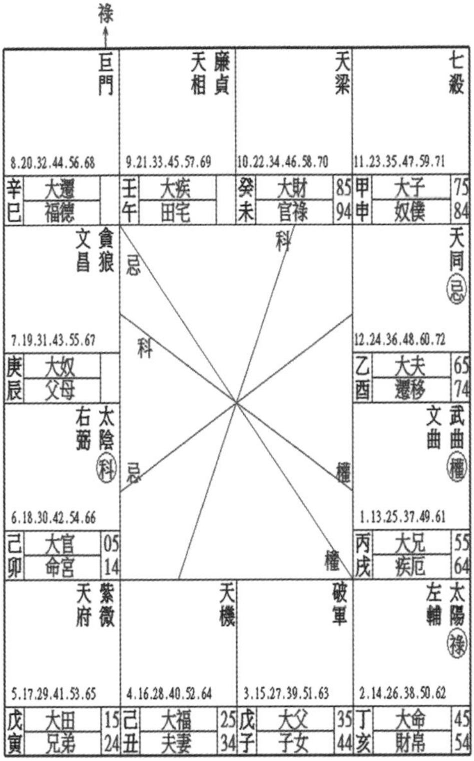

四、未來的投資

【三五／四四大限】

〔投資〕：想賺錢的投資是不利。因為大財化忌入本財，本財祿隨忌走入本遷沖本命。表示乃不利的投資因緣。

〔命理〕：大子化忌入本命〔生年科〕，本子化權也入本命〔生年科〕，大子有生年忌。皆表示投資命理最有利的時間。

【四五／五四大限】：

〔**土地房屋**〕：

—因三五／四四之大田與大父皆沖本父，而本父的宮位正是民國九十八年的流田，故九十八年以後的不動產投資才能賺錢。

—因四五／五四大田化權入本命（又逢科星），故此大限不動產的投資會賺錢。

〔**加盟團隊**〕：

—因四五／五四大限有祿星，祿隨忌走沖本命（也是大官），換工作的機會有八〇％以上，故提早準備未來的人生是必要的方向。

—四五／五四大子化權入本子，本子化權入本命（加盟團隊的命），這是加盟團隊的運勢。

九、【偏財篇】

一、財帛的分類

〔正財〕

—一般工作與創業都是正財的範圍，並不是傳統觀念把才藝、美術、設計、股票、基金……等等投資當成偏財。其實，只要是正常有規劃的投資都是正財。

〔偏財〕

—以小搏大或富貴險中求的思維才是偏財，如股票的融資融卷。愛國獎券、樂透……等投資，是風險性很高的投機性投資。

二、偏財的世界

〔偏財命〕

—命中偏財乃父母與福德兩個宮位有M質。

—本命財帛宮有M質或命。官有權星。

—命宮、財帛宮有武曲星與破軍星。

〔偏財運〕

—本命財帛占七〇%，大限財運占三〇%。也就是先天的財帛決定偏財的好運勢。一定要以此方式論命才不會陷入傳統思維的迷思。

〔偏財星〕

—武曲為正統行業的投機星，俱足旺財的天性。武曲坐命天生愛財，本身有條件好運就會跟著來。

—破軍為時機行業的投機星，也俱足旺財的天性。破軍坐命天生喜歡冒險。短線進出。大筆資金的投機最有利事業的投資。

三、偏財的投資

〔條件好〕

—生意人的奸巧思維。

—一切以利益為考量。

—花錢一定要有代價。

—專業的個人條件。

〔運勢佳〕

—大限福德宮與父母宮有M質。

—大限命、財、官有兩顆M質。

—大限命宮與財帛宮之武破有M質。

〔風險大〕

—富貴險中求的命。

—以小搏大的思維。

—祿權、權科、權忌的格局。

〔命盤實例〕丙男三十六歲

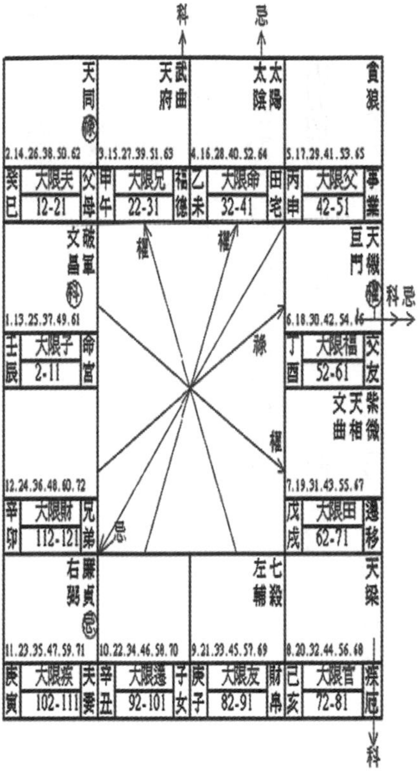

四、我的偏財夢

〔本命的命格〕

─先天權科組的格局。喜歡做冒險的事情。

─福德宮化權入命宮。有財旺的天命。

─破軍為時機行業的投機星，也俱足旺財的天性。

〔大限的運勢〕：大限二二／三一的運勢

─九十三年（二十九歲）年投資基隆咖啡廳三十六萬，九十五年結束營業。

─九十三年投資三重中餐廳五十五萬，九十六年，月結束營業。

─九十五年（三十一歲）年投資松江路中餐廳六十萬，目前虧損中。

〔解盤公式〕

─本財化忌入本父，大財化忌也入本父。這是投資最不利的運勢。

─九十三年入大財（生年忌）又剛好是第二項的公式，乃不利的投資年。

─九十五年之流財（生年父）也正好是第二項的公式，也是最不利的投資年。

五、未來的偏財：大限三二／四一的運勢

─本財化祿入大命，大財化忌入本命（生年科）。這是有利的投資運。

－民國一〇〇年【大財】化祿入大福，本福化權入本命。表示一〇〇年開始投資的餐廳會賺錢。

－九十八年投資林森路中餐廳五十萬，目前虧損中，因為還在不利的投資年份。

十、【宗教篇】

傳統的宗教學

1. 傳統的宗教學以勸善為出發點，教人孝順父母、尊敬師長，以風俗的角度幫助別人。而命理學則是另一種專業的學問。
2. 講因果卻阻礙因果的發生，這是多麼不可思議的事。大部分的宗教人士一直忽視或不懂這個道理。假如前世為【因】，今生就是【果】；那麼，所有與自身有關之緣、業、情、債，其實冥冥中早已注定，並沒有對錯的問題。
3. 命理與宗教原本就是兩條不同的平行線，並沒有直接的關連性。只是時下的命理業者因專業不足或為了餬口之故，不得不硬把宗教與命理牽扯在一起，藉著宗教神秘色彩及問命者面對人生無常生滅的恐懼，而進行騙財騙色。

華山派的宗教學

1. 華山派的宗教學以前世未了的因緣為出發點，教人認識先天注定的緣份，也就是〔了〕前世的業與〔還〕今生的債。

2. 華山派的宗教學強調順天命就是善因緣，並非一般宗教人士所稱【做好事、得善果】。傳統宗教講前世因，今生果；今生所發生的事情乃前世個人所做所為的報應。華山派的重點在做對因緣，做對命中注定的緣份（業力）。

3. 華山派的宗教學乃【順天命、盡人事】的天道。順天命不但可以還前世未了的因緣，更是個人福報的開始。

4. 華山派命理以忌為吉凶、終始、緣起與緣滅的分界點。這就告訴我們被傷害者會接收加害者的福報。不是嗎？上天沒有虧待過誰，但也不曾放過誰。

華山派的宗教公式

1. 左右昌曲坐落在命、財、官、遷四個宮位，乃特別幸運的格局。人生旅途常因特殊因緣的幫助而成功。

2. 忌入的宮位，當下不會有利益，但最後上天會用不同的方式回報給您（此乃非做不可的宮位）。忌冲的宮位，當下沒有利益，別人也不會感謝您，但能消災解厄（此乃非做不可的宮位）。

3. 華山派三大法力為人生不同的選擇

〔念力〕—這是一般人的心願，重點在【望天】，祈求家人平安。福報最小。

〔願力〕—這是宗教人士的心願，重點在【動天】，祈求幫助眾生。福報次之。

〔業力〕—這是華山派命理的心願，重點在【順天】，祈求了業還債。福報最大。

4. 華山派的七世因果

〔命宮四化〕—前世的第一世。

〔祿權科忌〕—前世的第二至四世。

〔左右昌曲〕—前世的第五至七世。

5. 七世因果的職業緣份

〔**命宮四化**〕

—職業緣份為三年左右的時間。

—事業來得快但也去得快。

〔**祿權科忌**〕

—職業緣份為六年左右的時間。

—一般人最常選擇的職業宮位。

〔**左右昌曲**〕

—職業緣份為九年以上的時間。

一事業來得慢但也去得慢。

一必須經歷不順折磨阻礙的過程，才能通往成功的路。

〔命盤實例〕比丘尼 五十八歲

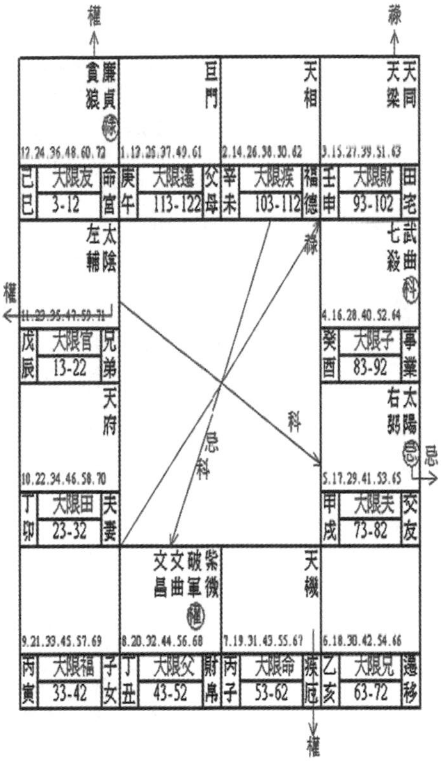

宗教的因果報應

〔宗教的用神〕：用神在兄、友、子、父四個宮位。

〔宗教的公式〕：兄、友、子皆化M質入命宮。

〔宗教的輪迴〕：來因宮（與生年天干相同的宮位天干）在交友宮，服務眾生乃前世未了的因緣，也是今生必須完成的功課。

〔宗教的因果〕：兄、友、子三個宮位皆化M質入命宮表示先天有普渡眾生的因緣，幫助眾生可以迴向自己。這是先天俱足的福報。

〔宗教與還債〕：命宮有貪狼星（生年祿星），命宮又祿隨忌走入交友宮，這是出家的條件。表示命中注定要普渡眾生之象。不但渡人也可以渡己。宗教事業是人生選擇之一。

十一、【改運與轉運篇】

【前言】

命理學的大事件都有矛盾的現象，把多種矛盾的現象清楚變成一個人生故事，謂之解盤。華山派的解盤功夫乃江湖消失千年不傳的秘笈。而〔改運與轉運〕之有效擇日工程極為浩大，必須靠不停抽絲剝繭的分析研究。如海底撈針、雞蛋裡挑骨頭般，才能找到主人的一線生機。

一、【命盤分析】必須知道的事：

【實例】：好運來之前，必須經歷四年改變期、兩次學生的無情期，才能進入成功之路。

【改運】：壞運持續中，必須做一件事，才能讓壞運快速降低或中止。

【轉運】：好運未來前，必須做一件事，才能讓好運加倍或快速來臨。

【方法】：必須經歷一件上天巧安排的事，好運才會快速降臨。

【命盤實例】

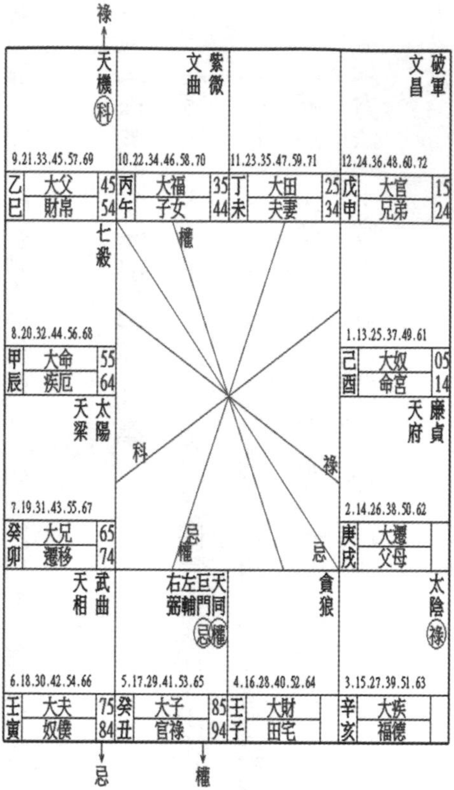

二、【團隊事業】的成功公式：

【子女宮有M質】—有條件做加盟的事業。

【官祿宮有M質】—團隊事業可以賺大錢【一加二之結果】。

【福德宮有M質】—理想事業可以美夢成真【一加二加三結果】。

【父母宮有M質】—團隊事業可永續經營【一加二加三加四結果】。

三、【成功轉運】應俱備的經歷：

﹝經歷事業的轉變期﹞九十七年至一〇〇年為轉變期。

﹝**公式**﹞：

—四五／五四大父化忌入本父，解盤為事業轉變期。

—四五／五四大官化忌本子﹝大父﹞，本官化忌入本田﹝大疾﹞。形成官與官對沖，故九十七年為轉變的開始年。

﹝經歷學生的兩次無情期﹞九十七年至一〇〇年為學生無情期。

﹝**公式**﹞：

—五五／六四大子化忌沖本子，解釋：與學生刑剋無情因緣。

—五五／六四大子化忌沖本子，沖在九十七年，故九十七年為開始年。

四、細說【人生的故事】

—人生是多選擇的變數。

—做對因緣的人生道路。

—化矛盾命盤為完整的故事內容。

—生涯規劃的重點在改運與轉運。

十二、【衰運】來了，怎麼辦？

1. 求生訣—當人生命進入了尾聲，在陽陰之間存在著迴光返照，這是延長壽命的機會，不是每一個人都有機會。
2. 福蔭訣—歷代祖先的恩澤降臨到後代子孫身上，這是有錢人常用的方法之一。陽宅風水的應用難度最高，但有效速度最快。
3. 求富訣—人生的最大利益來自先天的福報，精準掌握先天注定的命與後天環境的運，才是求富之秘訣。
4. 求貴訣—求功名的第一要務是﹝輕財﹞的觀念，不重近利，名聲才能帶來﹝貴氣﹞，貴氣來自﹝做對﹞人事物的選擇。
5. 求子訣—每個人都有自己的天命因緣，有人得來自然，有人卻必須經歷折磨的過程或付出代價，求子訣的內容常常是對自己祖先的責任或與父母同住或搬家或換跑道……等因緣。
6. 求緣訣—真命天子與真命天女的緣份，常需經歷特定的過程。例如，必須經過幾次不討厭或三角關係的緣份才能找到有情人出現……

7. 求壽訣－長壽家族來自遺傳基因，因家族皆在同一陽宅與陰宅上，求壽訣的秘密乃應用陰陽宅的轉氣，再銜接到個人的好福報。

8. 擇日訣－擇日的秘訣，乃在所有凶象與所有吉象的夾縫中找出對自己最有利的時間點，讓自己的美夢成真。

9. 回春訣－錯過了上天注定成功的時間點，就是自己選擇另一扇窗的機會，雖然過程會辛苦一點，但也會有不一樣的成就。

10. 生死門－龍穴之地氣口在太極暈，個人之吉凶點在好大限，這就是生死門之所在。

華山派應用獨傳之秘笈，讓已錯失良機的眾生，再次創造命中俱足的福報。

【改運】：壞運持續中，﹝我必須做那一件事﹞，才能讓壞運快速降低或中止。

【轉運】：好運未來前，﹝我必須做那一件事﹞，才能讓好運加倍或快速來臨。

十三、【好運】來了，怎麼知道？

【前言】

好運來了怎麼知道？【終日尋春不見春，芒鞋踏破嶺頭雲，歸來偶把梅花嗅，春在枝頭已十分】。由〈唐．無盡藏．比丘尼悟道詩〉，應該可以領悟其中的奧秘。

1. 春天之雷－平時不說話的先生突然大【咆哮】。
2. 小人出現－員工極不穩定，出現【離職潮】。
3. 貴人出現－把我趕走的房東，卻讓我賺大錢。
4. 現狀改變－換單位、換地點、換老闆、換公司。
5. 思維改變－因某種緣故，致使想法大轉變。
6. 了業與還債－傳宗接代後，事業運開始轉強。
7. 不得安寧－成功來臨前總是多事之秋，讓人煩心。
8. 背叛與出賣－被背叛或出賣後，人生才會變彩色。
9. 最愛的人放棄－好吃懶做的丈夫用子女來綁住妻子，當放棄爭取子女後，丈夫突然回心轉意。

10. 最親的人心痛—從小用心呵護的子女出國後就不回國，卻成就了某主持人的演藝事業王國。

11. 好運來了華山派知道—人、事、物的緣份，其實冥冥中早已注定，只有華山派可以完整告訴您【好運】在那裡？何時會來臨？

【相反的結果】：人生的運勢不會一成不變，以上實例常會出現陰陽反的結果。

柒、命理老師應該學會的事

〔算運〕出現後，〔算命〕不見了！

〔算命〕—算一種方向。

〔算運〕—算七種方向。

傳統命理老師最讓人詬病的是【會不會算？】或【準不準？】的問題。每當客人問我這個問題，總是令我心頭一陣刺痛，這是長久以來算命給人的觀感。命理學為什麼不能登上學術之林，傳統命理老師應負最大的責任。一來大部分的老師只會簡單的生活常識或宗教習俗，二來也只會用恐嚇法或安慰法的伎倆來欺騙問命者。縱使學術型的命理老師也講理論，但始終還停留在古人論命的方式，一是現象的多種論斷，二是單一事件的吉凶論斷。但這不是真正完整的命理學，完整命理學必須精準掌握未來人事物的結果，乃一層又一層往下追根究底的學問。華山派集〔現象〕、〔時間〕、〔吉凶〕、〔內容〕、〔影響〕、〔改運〕、〔轉運〕、〔宗教〕之大成。完整掌握父母給的〔命〕、自己事業選擇的〔運〕，最後經過正確的生涯規劃後才有了〔好命運〕。這就是我創立華山派命理學的目的與使命之所在。完整的命理學分命理與地理兩種；命理的重點在〔前因後果〕的領悟，地理的重點在〔來龍去脈〕的精通。命理分命與運，地理分地點與擺設。【命】論述命中注定的定數，【運】論述環境多選擇的變數。現分析完整命理學如下。

一、天時、地利、人和就是完整的命理學。（附表）

【命理】：就是天時。

—重點是〔先求有錢〕。

—預測未來人、事、物的時間與吉凶。

【地理】：就是地利。

—重點是〔再求富貴〕。

—讓事業加倍發展，讓企業永續經營。

【個人條件】就是人和。

—重點是〔專業養成〕。

—發揮個人所長，做自己有把握的事。

二、命運是什麼？

〔命〕—命中會發生的事。

〔運〕—我現在決定的事。

1. 算命與算運的分別

〔算命〕：算一種。講的是現象而已。

〔算運〕：算八種。講的是現象、時間、吉凶、內容、影響、改運、轉運、宗教。

2. 現在決定的事【怎麼問】？

〔一問〕：我會發生什麼事？

〔二問〕：我應該怎麼做？

〔三問〕：對我以後有什麼影響？

3. 陽宅風水【怎麼問】？

〔一問〕：我現在住的房子吉凶如何？

〔二問〕：凶象時，我應該怎麼做？

〔三問〕：對我以後有什麼影響？

三、陽宅風水的必要條件

1. 形成陽宅風水的三要素：空氣、陽光、位置。
2. 【地理位置】：一語道出陽宅風水的好壞。
3. 〔違背〕實用性、功能性、美觀性、現代感的陽宅，就不是好的陽宅風水。
4. 公司或住家風水的類型

【類型】：創業型、守成型、聚財型、桃花型、擴大型、繼承型、合夥型、攻擊型。

5. 公司或住家風水的地點與佈置

〔創業型〕－八〇分的地點，八〇分的佈置。

〔守成型〕－六五分的地點，八〇分的佈置。

〔聚財型〕－八〇分的地點，九〇分的佈置。

〔桃花型〕－七〇分的地點，九〇分的佈置。

〔擴大型〕－八五分的地點，九〇分的佈置。

〔繼承型〕－九〇分的地點，八〇分的佈置。

〔合夥型〕－八〇分的地點，八〇分的佈置。

〔攻擊型〕－九五分的地點，九五分的佈置。

6. 公司或住家風水形成要件：運勢七〇%，陽宅風水三〇%。

〔創業型〕－屋大、路通、門面顯。

〔守成型〕－路小、人靜、孤立屋。

〔聚財型〕－多人、多樹、水彎處。

〔桃花型〕－花命、花地、桃花屋。

〔擴大型〕－路衝、邊間、競爭區。

〔繼承型〕—老樹、新幹、水會處。

〔合夥型〕—一地、兩王、平均旺。

〔攻擊型〕—路衝、邊間、最高點。

7. 【算運】第一大公式：論述人事物緣起、緣變、緣續、緣滅的因緣。

〔緣起〕—新歡開始。

〔緣變〕—往上或往下的分界點。

〔緣續〕—舊愛持續中。

〔緣滅〕—棄舊迎新，已有的會結束。

8. 【七世因緣】第一大公式：論述前世今生之因果關係。

〔命之緣〕：命之緣〔本來如此〕；清楚了，富貴才會來。

〔忌之災〕：忌之災〔性空緣起〕；認命了，富貴才會來。

〔左之報〕：左之報〔真空妙有〕；不想了，富貴才會來。

〔右之因〕：右之因〔無中生有〕；天給了，富貴才會來。

〔昌之業〕：昌之業〔業障不亡〕；知命了，富貴才會來。

〔曲之果〕：曲之果〔果報自受〕；想通了，富貴才會來。

〔左右昌曲〕：—萬般帶不走，只有業隨身。

—假使千百劫，所作業不亡；因緣會遇時，果報還自受。

〔法身〕：右—〔命中該有終須有〕。

〔化身〕：左—〔假使千百劫，所作業不亡〕。

〔報身〕：昌曲—〔因緣會遇時，果報還自受〕。

總之，命理學就是天時、地利、人和三者合一的學問，簡單的說，就是在對的時間點做對的事。命理〔天時〕占五〇％，地理〔地利〕占二五％，個人條件〔人和〕占二五％；其中，陽宅風水之位置占七〇％，大門占二〇％，擺設占一〇％。命理重點在洞悉人事物之〔前因後果〕，地理重點在參透天地間之〔來龍去脈〕，宗教重點在領悟禍福間之〔因緣果報〕。而宗教的因緣又分緣盡情未了、情盡緣未了、情緣皆了了等三種緣份。華山派命理學跟所有科學知識一樣，皆以公式化、系統化、科學化來表達祂的論命方式，這是一門高深的學問，並非如傳統命理學般那麼經不起新時代的考驗。華山派命理學將傳統【算命】唯一的現象學，提升到時間學、吉凶學、內容學、影響學、改運學、轉運學、宗教學之【算運】層次，好讓有心學習命理學者能夠順利傳承華山派的革命精神，為有心往上爬的人作生涯規劃。行筆至此，盼望創新、革新、革命性的華山派命理學能夠引領著命理界走入學術之林。

命理學基本知識

項目 體用	體	用	應
三 才	天	地	人
命理學	天時50%	地利25%	人和25%
命理學	本命60%	大限30%	流年10%
格局[一]	大格局	中格局	小格局
格局[二]	在天成象	在地成形	在人成事
命理[一]	命理吉凶50%	地理吉凶25%	個人條件25%
命理[二]	天意時間60%	注定事件30%	生涯規劃10%
地理[一]	尋龍為體60%	點穴為用30%	造法為人10%
地理[二]	山川大地60%	四周環境30%	室內擺設10%
地理[三]	大樓大門60%	電梯大門30%	住宅大門10%
改 運	天意時間60%	改運事件30%	避災物10%
轉 運	天意時間60%	轉運事件30%	富貴物10%
富 貴	大富由天60%	中富由勤30%	小富由儉10%
算 命	命理專業60%	生涯規劃30%	顏色生肖10%
宗 教	情盡緣未了	緣盡情未了	情緣皆了了

一、何謂【命理學】

一、命理學的分類

【命理】：

—追根究底的學問。

—重點在掌握時間與吉凶。

—預測人事物的結果。

—人事物未來的規劃。

【地理】：

—來龍去脈的學問。

—重點在掌握尋龍與點穴。

—讓事業加倍發展。

—讓企業永續經營。

二、命理學的架構

1. 生活的角度：

【天時】：論述有沒有魚。
—論述一生賺錢的機會在何時？
【地利】：論述多少漁獲量。
—論述利益的地點怎麼選擇？
【人和】：論述個人條件。
—論述個人命中的優勢是什麼？

2. **學術的角度**

【天】：本命命盤（現象學）。
—論述在天成象。
—論述命中注定的因緣。
【地】：大限命盤（時間學）。
—論述在地成形。
—論述命中賺錢的時間。
【人】：流年命盤（吉凶學）。
—論述在人成事。
—論述命中賺錢的內容。

3. **算命的角度**

【改運】：流月命盤﹝改運學﹞。

—論述﹝災難的盡頭﹞在何年何月何日何時才結束。

—這是最高段的論命技巧，必須進入開館職業班後，才能領悟及參透個中之奧秘。

【轉運】：流日命盤﹝富貴學﹞。

—論述﹝利益的開始﹞在何年何月何日何時才開始。

—這是最高段的論命技巧，必須進入開館職業班後，才能領悟及參透個中之奧秘。

三、命理學的問法

1. **現在決定的事【怎麼問】**？

﹝一問﹞：我會發生什麼事？

﹝二問﹞：我應該怎麼做？

﹝三問﹞：對我以後有什麼影響？

2. **陽宅風水【怎麼問】**？

﹝一問﹞：我現在住的房子吉凶如何？

﹝二問﹞：凶象時，我應該怎麼做？

（三問）：對我以後有什麼影響？

四、算命應該具備的基本常識

（一盤單盤時）－本命命盤之單一命盤就可以精論一生注定的命格與人事物的因緣。－這是【現象學】。

（二盤合盤時）－即本命＋大限二種命盤同時論述時，就可以精論十年運勢的時間。－這是【時間學】。

（三盤合盤時）－即本命＋大限＋流年三種命盤同時論述時，就可以精論流年的吉凶。－這是【吉凶學】。

（四盤合盤時）－即本命＋大限＋流年＋流月四種命盤同時論述時，就可以精論趨吉避凶。－這是【改運學】。

（五盤合盤時）－即本命＋大限＋流年＋流月＋流日五種命盤同時論述時，就可以精論掌握良機。－這是【富貴學】。

五、地理風水應該具備的基本常識

何謂凶宅與吉宅？有何影響？

︹好運時︺：︹好︺陽宅風水會喜上加喜，錦上添花。

︹壞︺陽宅風水會上天眷顧，偶有佳作。

︹壞運時︺：︹好︺陽宅風水會慢慢沒落，漸漸變凶。

︹壞︺陽宅風水會落井下石，雪上加霜。

總之，︹大限本命未精通，貴人生肖失其用︺，︹尋龍點穴未精通，八卦五行失其用︺，一語道破了命理與地理之秘訣所在。這就是為什麼九九%的命理老師永遠學不會命理學精髓之所在。殊不知完整命理學的重點乃在︹體與用︺兩者合一，命理之︹體︺占八〇%，如大限與本命；地理之︹體︺占八〇%，如尋龍與點穴。而命理之︹用︺只占二〇%，如貴人與生肖；地理之︹用︺只占二〇%，如八卦與五行。然而，傳統的命理老師卻只願在占二〇%之命理的︹貴人生肖︺與地理的︹八卦五行︺上打轉，但這些都只是枝微末節而已，只能當作聊天式的算命，對問命者人生的規劃一點幫助都沒有。故傳統命理老師以命格、個性、方向、八卦、五行、數字、顏色、生肖、宗教……等方式算命，永遠也跳脫不了︹算不準︺的宿命。而華山派命理學以︹氣入︺、︹氣足︺、︹氣強︺分析運勢的曲線圖，以運勢的三部曲：︹準備期大於利益期︺、︹利益中再學習專業期︺、︹真正的攻擊期︺分析人生最大的利益在何時。這就是精準科學算運之所在。

二、【命運】的特性

一、【論本性】

－先天的本性就是利益與富貴的個性，就是命中最優勢的地方。

－先天的本性就是越符合先天個性的人，就越容易靠近成功的方向。

二、【論吉凶】

－吉凶論斷一定要形成﹝體與用﹞的關係。

－吉凶論斷一定要﹝本命盤＋大限盤﹞形成同樣的現象。

三、【論運勢】

論﹝格局﹞：乃由生年四化之雙象命盤【定格局】。

論﹝大限﹞：一定要本命＋大限二盤形成【相同現象】。

論﹝流年﹞：一定要本命＋大限＋流年三盤形成【相同現象】。

論﹝流月﹞：一定要本命＋大限＋流年＋流月四盤形成【相同現象】。

論﹝流日﹞：一定要本命＋大限＋流年＋流月＋流日五盤形成【相同現象】。

四、【論命的等級】

—華山派算命共分類為十八層

第一層【現象層】：注定的因緣。　第十一層【前世層】：前世的吉凶。
第二層【時間層】：確定的吉凶。　第十二層【累世層】：累世的貧富。
第三層【空間層】：立體的現象。　第十三層【行業層】：得失的多寡。
第四層【吉凶層】：利益的終始。　第十四層【轉運層】：利益的開始。
第五層【宗教層】：今生的功課。　第十五層【用神層】：確定的方向。
第六層【避災層】：行業的選擇。　第十六層【元神層】：本性的真靈。
第七層【改運層】：災厄的盡頭。　第十七層【守護神】：命中的貴人。
第八層【生肖層】：緣份的生滅。　第十八層【入門斷】：累積的經歷。
第九層【利益層】：人生的規劃。
第十層【富貴層】：長期的福蔭。

五、【預測未來才是命理學】

—預測未來人、事、物的吉凶。
—預先掌握人生【好運】的最高潮。
—如何避開人生【壞運】的最低潮。
—預測未來才能趨吉避凶，才能化險為夷。

三、有效的【算運】

一、有效的【算運】

【論運定義】—預測未來人、事、物的結果。

〔傳統的老師〕—論述適合晚婚或命中會賺錢……等等籠統的現象。

〔華山派老師〕—預測今年所生的小孩是帶財還是帶衰……等等吉凶的時間。

【論運分類】—如何把握未來〔好運〕的好時機。

—如何避免未來〔壞運〕的大災厄。

【論運關鍵】—掌握運勢的轉變點全力以赴或全身而退。

【論運之美】—精準規劃美好的人生及掌握命中的富貴。

二、有效的【擇日】

【擇日定義】—乃相對的雙方（多方）共同利益的交集點，所選擇達成心願之最好日期。

【擇日分類】—〔壞運〕時，如何避免災厄事的發生。

—〔好運〕時，如何讓自己的美夢成真。

【擇日關鍵】—乃精準掌握災厄的盡頭或利益的開始。

【擇日之美】—讓富貴之氣可以銜接到個人的好運勢。

三、有效的【命理】與【地理】

【有效的命理】

—乃預測未來人、事、物的時間與吉凶。

—預測人事物【緣起、緣變、緣續、緣滅】的吉凶。

—〔好緣份〕與〔壞緣份〕的緣份在何時發生？

【有效的地理】

—讓事業加倍發展，讓企業王國永續經營。

—預測買房了後會發生好事或壞事？

—預測祖墳異動後會發生好事或壞事？

—預測神明廳異動後會發生好事或壞事？

—預測搬家或房屋整修會發生什麼好事或壞事？

四、人生的【三扇門】

【前言】

一、人生的三扇門是互相矛盾、互相衝突的。我喜歡的不一定有利益，現在遇到的不見得會喜歡，上天安排的又常常很慢才會來。然而，這就是人生。

二、〔命〕是命中注定的定數，〔運〕是人生多選擇的變數，〔命運〕則是人事物不規則的曲線圖。而命理學乃為個人的人生量身訂做，是掌握〔前因後果〕與〔來龍去脈〕的學問。

【感情三扇門】

〔感情第一扇門〕：我喜歡的對象。

〔感情第二扇門〕：現在會遇到的對象。

〔感情第三扇門〕：上天巧安排的對象。

【事業三扇門】

〔事業第一扇門〕─我喜歡的事業。

〔事業第二扇門〕─現在會遇到的事業。

〔事業第三扇門〕—上天巧安排的事業。

【賺錢三扇門】

〔賺錢第一扇門〕—我想追求的財富。

〔賺錢第二扇門〕—現在會遇到的財富。

〔賺錢第三扇門〕—上天巧安排的財富。

【陽宅風水三扇門】

〔陽宅風水第一扇門〕—我喜歡的房子。

〔陽宅風水第二扇門〕—現在會遇到的房子。

〔陽宅風水第三扇門〕—上天巧安排的房子。

五、【真正的解盤】是什麼？

【前言】

〈傳統老師的解盤方式〉

—第一層最基礎最簡單之解盤，例如：個性解盤、格局解盤、現象解盤。

〈華山派老師解盤方式〉

—第一層至第八層之立體重疊解盤，例如現象解盤、時間解盤、吉凶解盤、內容解盤、影響解盤、改運解盤、轉運解盤、宗教解盤。

其實，所有的命盤都是矛盾的，可以解答命盤上所有現象者才是真正的解盤高手。人生本來就充滿了許許多多無奈、無力、阻礙、失敗的折磨，但又給人夢想、利益、成功、富貴的希望，這就是人生。上天是公平的，總是在命盤背後暗藏著成功者必須經歷的考驗或必須具備的秘密〈成功內容〉。以下為〈真正的解盤〉一定會發生的事：

*黃安是韓國台籍小天后周子瑜的貴人，讓她在短短三天成為家喻戶曉的明星。

*大陸首富馬雲的成功，必須用全家的健康陪葬。

*軍人洪仲丘死亡後，卻成就了姊姊洪慈庸的事業，當選第九屆立法委員。

*感情恩愛乃因為聚少離多或分開兩地的緣份才能持續。
*必須經過一次以上不討厭的男人，才能找到真命天子。
*把我趕走的房東卻讓我賺大錢，房東是貴人，不是小人。
*韓籍裁判是楊淑君的貴人，讓她獲聘台北教育大學助理教授的職務。
*事業好是因為我的感情（帶衰），讓所有跟我在一起的男生事業衰連連。
*擴大營業必須經過員工（大離職潮）後，才能走上成功的路。
*必須經歷兩次以上換科系或換學校的過程，才能讀完博士學位。
*十年不孕，因蓋房子給父母住而懷孕生子，而且連生兩名子女。
*安神明後，事業運開始轉強，讓我找到五年來的第一份好工作。
PS.成功者的背後總是帶著汗水與眼淚，成就越大，負擔的事情就會越重、越痛。

六、【前因與後果】的輪迴

〔人生第一扇門〕：我喜歡的人事物。

〔人生第二扇門〕：現在會遇到的人事物。

〔人生第三扇門〕：上天巧安排的人事物。

【前言】：

一、人生的三扇門是互相矛盾、互相衝突的；我喜歡的人不一定有利益，現在遇到的人不見得會喜歡，上天安排的人又常常很慢才會來。然而，這就是人生。

二、論運乃預測人、事、物的結果，重點在人生富貴的規劃，而生涯規劃的重點則在精準掌握人、事、物的前因與後果。人生的最大利益除了個人成熟的條件外，在生涯規劃的選擇路上更必須經歷人生成功者的三階段：折磨的改變期、利益的成熟期、富貴來臨的攻擊期，才能在事業上有所成就。

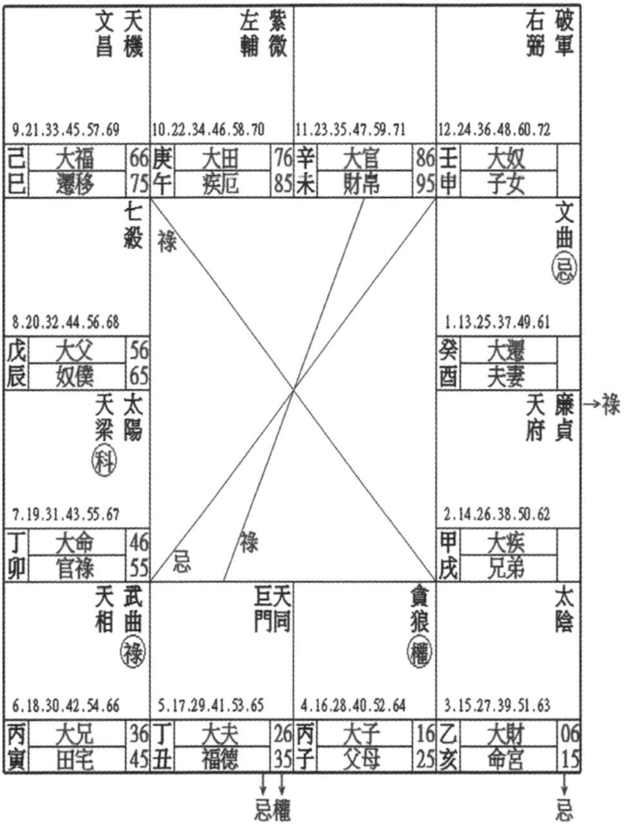
天機 文昌
9.21.33.45.57.69
己巳 大福 遷移 66 75
紫微 左輔
10.22.34.46.58.70
庚午 大田 疾厄 76 85
11.23.35.47.59.71
辛未 大官 財帛 86 95
破軍 右弼
12.24.36.48.60.72
壬申 大奴 子女
七殺
8.20.32.44.56.68
戊辰 大父 奴僕 56 65
文曲 忌
1.13.25.37.49.61
癸酉 大遷 夫妻
太陽 天梁 科
7.19.31.43.55.67
丁卯 大命 官祿 46 55
廉貞 天府
→祿
2.14.26.38.50.62
甲戌 大疾 兄弟
武曲 天相 祿
6.18.30.42.54.66
丙寅 大兄 田宅 36 45
天同 巨門
5.17.29.41.53.65
丁丑 大夫 福德 26 35
貪狼 權
4.16.28.40.52.64
丙子 大子 父母 16 25
太陰
3.15.27.39.51.63
乙亥 大財 命宮 06 15
祿
祿
忌
忌權
忌

一、此命盤民國一〇〇年為前因與後果的分界點，也是培養條件與利益開始的緣起緣滅點。沒有九十一年開始對命理堅持學習到底的前因，就沒有一〇〇年開始賺錢的後果。

二、此命之人九十一年從事喜歡的命理工作還不是利益，所以大部分人在培養條件期間都會選擇退縮或換跑道，但命盤之人對自己興趣的夢想默默地堅持。民國一〇〇年終於在利益的緣起點時幸運之神悄悄來臨了，除了命理的收入外，接二連三的幸運事不斷的發生在命盤之人身上，讓人作夢也微笑。這是﹁前因﹂與﹁後果﹂的最佳寫照。所以，上天要給一個人愛的禮物前，一定會佈置重重的關卡，退縮的人會進入人生另一種選擇——自己選擇的人生故事；堅持理想的人則享受人生甜蜜的果實——命中注定的人生故事。

【生涯規劃公式】：

一、從事喜歡的工作，上天一定先跟你作對﹁矛盾的現象﹂。

1. 大父有生年科星可以從事喜歡的工作。

2. 大疾化忌入本父，法象忌星在大疾冲大父。喜歡的工作總是事與願違。

二、教學工作是福報的開始。

1. 本父有生年權與大父有生年科。

——體用關係存在，權科一組。絕對的現象與吉凶。

2. 大父坐生年科，大疾生年忌星來冲。

——喜歡的工作堅持到底一定會出現好轉機。

三、享受遲來又甜蜜的果實。

1. 大父坐生年科，轉科在大田。父母宮為福報位，原來福報在不動產。

2. 九十六年買不動產可以賺大錢。

七、【人】之生涯規劃

〔感情第一扇門〕：我喜歡的對象。
〔感情第二扇門〕：現在會遇到的對象。
〔感情第三扇門〕：上天巧安排的對象。

【前言】

一、上天有好生之德，每一個人都可以選擇三種不一樣的門；一是我自己喜歡的門，二是現在會遇到的門，三是上天安排的門。

二、二十一世紀命理學論述的是人性化、簡單化、通俗化、科學化、現代化的學問。而不是艱澀難懂又似是而非的名詞，這就是華山派命理學一直強調【算運】的學問。精準分析過去、現在、未來三者間的利害關係，才能掌握人生最大的利益。

【命盤實例】

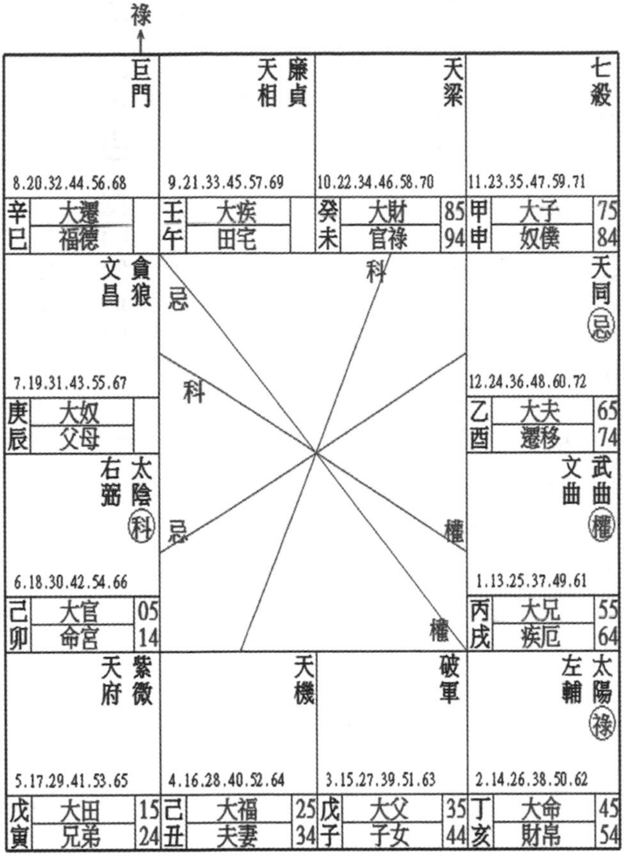
祿
巨門
8.20.32.44.56.68
辛巳 大遷 福德
廉貞 天相
9.21.33.45.57.69
壬午 大疾 田宅
天梁
10.22.34.46.58.70
癸未 大財 官祿 85 94
七殺
11.23.35.47.59.71
甲申 大子 奴僕 75 84
貪狼 文昌
7.19.31.43.55.67
庚辰 大奴 父母
忌
科
科
忌
權
權
天同 忌
12.24.36.48.60.72
乙酉 大夫 遷移 65 74
太陰 右弼 科
6.18.30.42.54.66
己卯 大官 命宮 05 14
武曲 文曲 權
1.13.25.37.49.61
丙戌 大兄 疾厄 55 64
紫微 天府
5.17.29.41.53.65
戊寅 大田 兄弟 15 24
天機
4.16.28.40.52.64
己丑 大福 夫妻 25 34
破軍
3.15.27.39.51.63
戊子 大父 子女 35 44
太陽 左輔 祿
2.14.26.38.50.62
丁亥 大命 財帛 45 54

一、【奇妙的感情世界】

1. 目前我喜歡的對象：年輕多金又情意相投的男人。
2. 現在會遇到的對象：有錢的男人談不來，談得來的男人沒有錢。
3. 上天巧安排的對象：必須經過兩段情傷的感情，才能找到真命天子。

二、【華山派獨門公式秘笈】

1. 年輕多金又情意相投的男人。

〔公式〕

—命宮有科星，喜歡情義相投的男人。

—命宮科星，遷移宮忌星；則本宮與對宮就可以形成感情位，因祿星在財帛宮，祿隨忌走的公式就能形成喜歡年輕又多金的現象。

2. 有錢的男人談不來，談得來的男人沒有錢。

〔公式〕

—大夫有生年權星，大夫飛星化忌入大遷冲大命，法象生年忌星又冲回本命。就形成有錢的男人談不來，談得來的男人沒有錢。

3. 上天巧安排的對象。

〔公式〕

－大命〔本財〕有生年祿星，祿隨忌走沖本命，表示會遇到真命天子，但結婚的緣份是無情姻緣，除非分開兩地的感情。

－大命〔本財〕有生年祿星，祿隨忌走沖本命，表示感情與事業只能擇一，有了感情，事業運會快速往下走，重視事業則感情緣份會遲遲沒有結果。

－大命〔本財〕有生年祿星，祿隨忌走沖本命，表示現在最愛最喜歡的人最無情，上天會跟妳唱反調。

－由以上三點得知我喜歡的對象、現在會遇到的對象、上天巧安排的對象常常是矛盾、衝突的結果。

八、【事】之生涯規劃

〔事業第一扇門〕—我喜歡的事業。

〔事業第二扇門〕—現在會遇到的事業。

〔事業第三扇門〕—上天巧安排的事業。

【前言】

一、上天有好生之德，每一個人都可以選擇三種不一樣的門；一是我喜歡的門，二是現在會遇到的門，三是上天巧安排的門。

二、現代命理學論述的是人性化、簡單化、通俗化、科學化的學問，而不是艱澀難懂又似是而非的名詞。華山派命理學強調的是符合新潮流的科學論命方式，簡單易懂，精準到位，是預測未來的學問。

【命盤實例】

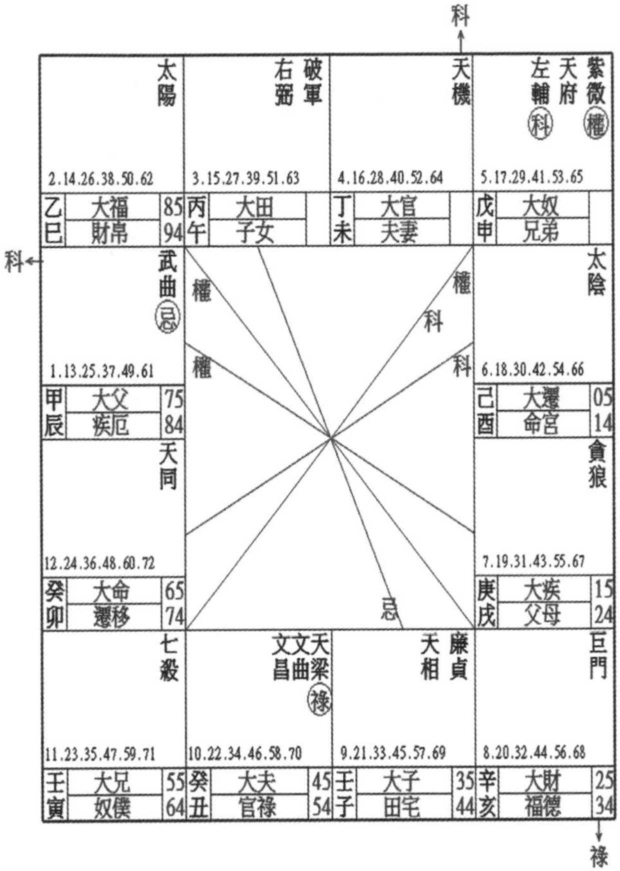
科
太陽
2.14.26.38.50.62
乙巳 大福 財帛 85 94
破軍 右弼
3.15.27.39.51.63
丙午 大田 子女
天機
4.16.28.40.52.64
丁未 大官 夫妻
紫微 權
天府
左輔 科
5.17.29.41.53.65
戊申 大奴 兄弟
科
武曲 忌
1.13.25.37.49.61
甲辰 大父 疾厄 75 84
太陰
6.18.30.42.54.66
己酉 大遷 命宮 05 14
權
權
權
科
科
忌
天同
12.24.36.48.60.72
癸卯 大命 遷移 65 74
貪狼
7.19.31.43.55.67
庚戌 大疾 父母 15 24
七殺
11.23.35.47.59.71
壬寅 大兄 奴僕 55 64
天梁 祿
文曲
文昌
10.22.34.46.58.70
癸丑 大夫 官祿 45 54
廉貞
天相
9.21.33.45.57.69
壬子 大子 田宅 35 44
巨門
8.20.32.44.56.68
辛亥 大財 福德 25 34
祿

一、【命運巧妙的安排】

1. 我想換工作的時間：現在環境所呈現的想法。
2. 公司安排我換工作的時間：公司利用我的最大考量。
3. 上天巧安排最大利益的時間：人生成就最高的時間點。

二、【華山派獨門公式秘笈】：

1. 我想換工作的時間
【公式】：現在環境所呈現的想法。
—五五／六四大限，大官化科入本官，本官化科入命，遇到民國一〇二年之流官，則形成讓我想換工作的公式。
2. 公司安排我換工作的時間
【公式】：公司利用我的最大考量。
—五五／六四大限，大父化忌入本父與生年忌星對沖，也沖民國一〇一年，則形成﹁公司利用我的最大考量時間﹂公式。
3. 上天注定最大利益的時間
【公式】：人生成就最高的時間點。

一五五／六四大限，大父化忌入一〇三年之流年官祿宮，又大官化科入本宮，〔發射宮位常常是發生的時間〕，則形成〔人生成就最高的時間點〕公式。

九、【物】之生涯規劃

〔賺錢第一扇門〕—我想追求的財富。

〔賺錢第二扇門〕—現在會遇到的財富。

〔賺錢第三扇門〕—上天巧安排的財富。

【前言】：

一、上天有好生之德，每一個人都可以選擇三種不一樣的門；一是我喜歡的門，二是現在會遇到的門，三是上天巧安排的門。

二、現代命理學論述的是人性化、簡單化、通俗化、科學化的學問，而不是艱澀難懂又似是而非的名詞。華山派命理學強調的是符合新潮流的科學論命方式，簡單易懂，精準到位，是預測未來的學問。

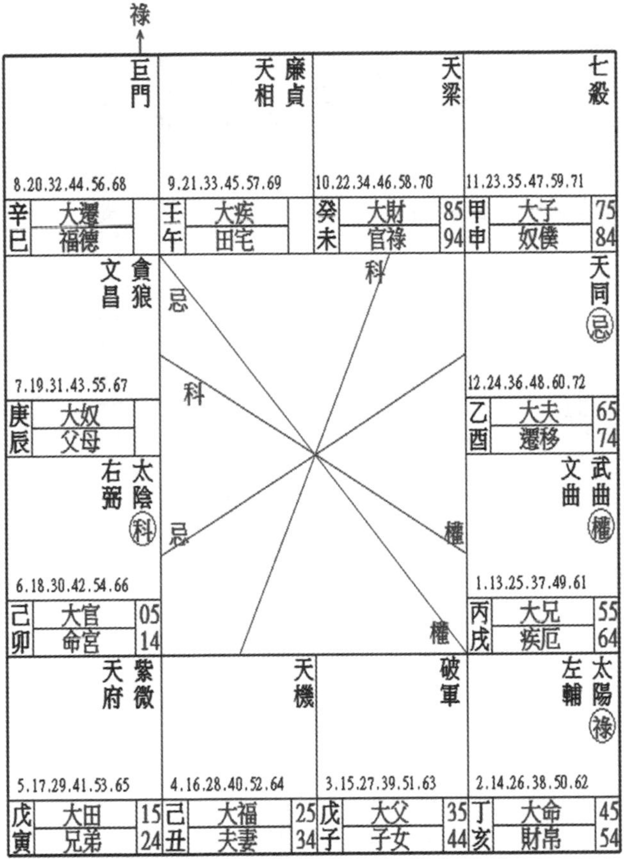
祿
巨門
8.20.32.44.56.68
辛巳 大遷 福德
天相 廉貞
9.21.33.45.57.69
壬午 大疾 田宅
天梁
10.22.34.46.58.70
癸未 大財 官祿 85 94
七殺
11.23.35.47.59.71
甲申 大子 奴僕 75 84
文昌 貪狼
7.19.31.43.55.67
庚辰 大奴 父母
天同 忌
12.24.36.48.60.72
乙酉 大夫 遷移 65 74
右弼 太陰 科
6.18.30.42.54.66
己卯 大官 命宮 05 14
文曲 武曲 權
1.13.25.37.49.61
丙戌 大兄 疾厄 55 64
忌
科
科
忌
權
權
天府 紫微
5.17.29.41.53.65
戊寅 大田 兄弟 15 24
天機
4.16.28.40.52.64
己丑 大福 夫妻 25 34
破軍
3.15.27.39.51.63
戊子 大父 子女 35 44
左輔 太陽 祿
2.14.26.38.50.62
丁亥 大命 財帛 45 54

一、【命運巧妙的安排】

1. 追求命中注定的財庫：正財與偏財兩者都想兼得。
2. 現實環境呈現的利益：上班順心如意，投資失財失利。
3. 阻礙最少的人生道路：成名路上滿滿的財庫。

二、【華山派獨門公式秘笈】

1. 追求命中注定的財庫

〔公式〕：正財與偏財兩者都想兼得。

—本命、本財、本官此三個宮位有兩個M質以上，天生正財與偏財都想兼得。

2. 現實環境呈現的利益

〔公式〕：上班順心如意，但投資卻失利。

—四五／五四大限，上班順心如意，因為生年科在大官〔本命〕，投資失財失利，因為大命〔本財〕祿隨忌走沖本命〔大官〕之故。

3. 阻礙最少的人生道路

〔公式〕：成名路上滿滿的財庫。

—四五／五四大限，本父與大父之科星皆入本命〔大官〕，乃成名的命與運，又大財〔本官〕化科入本命〔大官〕，更確定以上的公式，成名路上滿滿的財庫。

十、命理學千年之秘【一】

一、前世與今生圖表

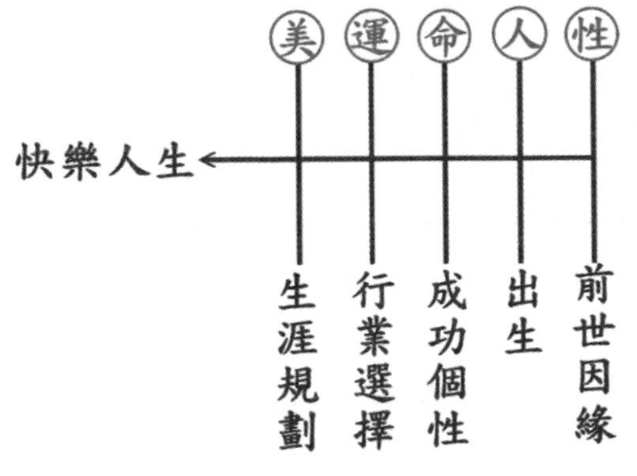

【前世與今生】

〔性〕：前世未了的因緣，決定今生的富貴。

〔命〕：命中注定的定數，決定格局的優勢。

〔運〕：環境選擇的變數，決定事業的成敗。

〔美〕：華山命理的規劃，決定美夢的人生。

二、人生的曲線圖

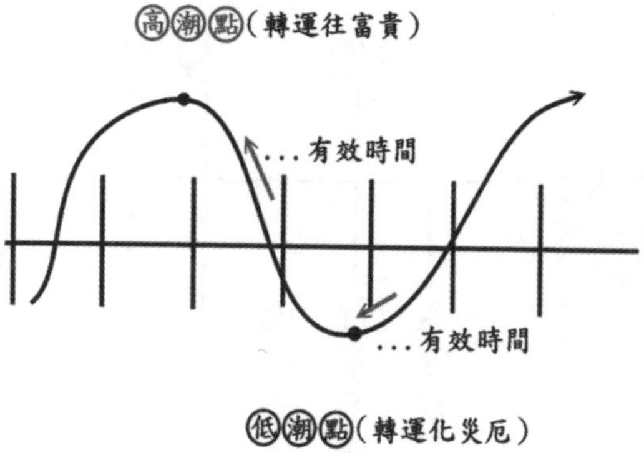

〔掌握轉運的契機〕

—精準把握人生每一次成功的機會，這是每一次成功要把握的時間。

〔銜接富貴的秘訣〕

—掌握災難的盡頭與利益的開始，這是算命的最重要技巧。

〔高潮低潮的轉氣〕

—低潮靠【改運】來化解災厄，準備東山再起。

—高潮靠【轉運】讓事業加倍發展，永續經營。

〔貧賤富貴在擇日〕

—有效的擇日可以掌握人生最大的利益，這是改運與轉運最重要的關鍵。

十一、命理學千年之秘【二】

一、【命理的秘密】：前因後果的學問。

1.〔前世未了情緣〕

—以宗教的觀點，了業或還債後才能通往富貴之路。

2.〔命運軌跡曲線〕

—〔命〕：命中注定的定數。

—〔運〕：環境多選擇的變數。

3.〔生涯規劃之美〕

—選擇不同的行業一定有不同的吉凶。

4.〔深根華山命理〕

—前與古人同根，後與來者同源，現與眾生休戚。

5.〔領悟前因後果〕

—前因後果的重點在因緣果報，此處之〔緣〕表示時間與生肖，不同時間點遇到的生肖或相同時間點遇到不一樣的生肖，都會產生不同的結果。這是命理學之深奧所在。

6.〔行業別的吉凶〕

—選擇不同的行業，賺錢的時間點會不一樣。

7.〔透視先天後天〕

—相同天生命格，但不同個人條件，所決定人、事、物的因緣會不一樣。

8.〔榮華富貴之路〕

—命中注定的人生故事，就是一條最順暢的人生道路。

二、【地理的秘密】：來龍去脈的學問。

1.〔命理學之天時地利人和〕：

—地利就是陰陽宅風水，乃追求富貴必要的條件。

2.〔選擇住宅的目的與吉凶〕：

—可以讓事業加倍發展，讓企業永續經營。

3.〔空間之利用與動線之美〕：

—任何違背空間之利用與動線之美都不是好的陽宅風水。

4.〔四樓之迷思與路冲之吉凶〕：

—四樓跟吉凶沒有直接關係，路冲是好氣場與壞氣場之集中處。

5.〔隨地形地物而設計的房屋〕：

—這是設計的最高技巧之一，更能展現設計者的巧思與美感。

6.〔因運勢吉凶而選擇的房屋〕：

—華山派命理學之改運與轉運可以讓壞運快速下降，好運提早來臨。

7.〔壞運時〕：好房屋讓壞運與災厄快速降低或中止傷害。

8.〔好運時〕：好房屋讓事業加倍發展，讓企業永續經營。

9. 何謂凶宅與吉宅？有何影響？

〔好運時〕：〔好〕陽宅風水會喜上加喜，錦上添花。

〔壞〕陽宅風水會上天眷顧，偶有佳作。

〔壞運時〕：〔好〕陽宅風水會慢慢沒落，漸漸變凶。

〔壞〕陽宅風水會落井下石，雪上加霜。

十二、華山派算命的特色【一】

【前言】

﹝命﹞是命中注定的定數，﹝運﹞是人生多選擇的變數，﹝命運﹞則是人事物不規則的曲線圖。而命理學乃為個人的人生量身訂做，是掌握﹝前因後果﹞與﹝來龍去脈﹞的學問，也是公式化、系統化、科學化的人生命運軌跡。傳統命理學幾千年來，在江湖術士的誤導下，已經形成讓後代子孫蒙羞的怪獸。這正是華山派命理學誕生的歷史任務，華山派命理學乃精準掌握人生命運的軌跡，為二十一世紀命理學的主流。

一、論運的層次：乃一層又一層精準往下追根究底的功夫

【實例】問考公職之一層又一層往下問的精論法。

1. 【現象層】—考公家機關
2. 【物相層】—考行政類
3. 【時間層】—九十九年六月至一〇一年三月為考公職最好的時間。
4. 【吉凶層】—一〇〇年八月前必須經過兩次考試失敗，才能順利考上公職。

5.【利益層】—公職有三十八年的時間可以發揮，也是人生最大的福報。

二、論運的公式：乃一層又一層精準往下掌握〔前因後果〕的功夫

【實例】問卡到陰之一層又一層往下問的多重公式。

1. 父母宮無情時—為元神出竅的原因所在。
2. 疾厄宮無情時—為身體卡到了陰的原因【一加二之結果】。
3. 田宅宮無情時—為陽宅出了問題的原因【一加二加三之結果】。
4. 福德宮無情時—為祖墳出問題的原因【一加二加三日四之結果】。
5. 有效化解時間—在災厄盡頭或利益開始尋找最有利的時間。
6. 化解後的吉凶—卡到陰後，決定的事情有意想不到的結果。

十三、華山派算命的特色【二】

【前言】

一、算命的特色：

﹝傳統派命理學﹞

—天氣為例，以今天的天候預測明天的天氣。﹝流年﹞

—﹝實例﹞：冬天夜間起霧，就知道明天會是個好天氣。

—它的﹝準﹞是經驗的判斷，讓人們知道明天可不可以出去玩。

﹝華山派命理學﹞

—天氣為例，以衛星圖預測長時間天候變化。﹝本命＋大限﹞

—﹝實例﹞：以衛星圖觀看全世界三大洋七大洲之氣候變化。

—它的﹝準﹞是科學的分析，讓人們提早防範未來溫室效應的傷害。

二、﹝算命的優缺點﹞

﹝傳統派優缺點﹞

—傳統命理的〔優點〕適合上班族、穩定族或中下階層論述當下現象的吉凶。

—傳統命理的〔缺點〕在於它的準跟未來吉凶無關，只論眼前簡單的事。

〔華山派優缺點〕

—華山派命理的〔優點〕在於祂的〔準〕可以精準掌握每一事件未來的吉凶，可精論人生的最大利益，適合追求富貴之人或中上階層的生涯規劃。

—華山派命理的〔缺點〕在於祂的論述短時間內比較難以獲得上班族、穩定族或中下階層者的共鳴。

三、論運的層次：乃一層又一層精準往下追根究底的功夫

【實例】問買房子之一層又一層往下問的精論法。

1. 【現象層】—命中有房子。
2. 【內容層】—第一間是別墅。
3. 【時間層】—二〇一六年三月—二〇一六年六月為買別墅最好的時間。
4. 【影響層】—在對的時間點買房子，事業運會開始轉強。
5. 【利益層】—這是創業的起點，讓好運持續十八年。

四、論運的公式：乃一層又一層精準往下追根究底的功夫

【實例】問︹團隊事業︺之多重公式。

第一層【子女宮位有M質】：有條件做加盟的事業。

第二層【官祿宮再有M質】：團隊事業可以賺大錢【一加二之結果】。

第三層【福德宮再有M質】：理想事業可以美夢成真【一加二加三結果】。

第四層【父母宮再有M質】：團隊事業可永續經營【一加二加三加四結果】。

【有效轉運擇日】：在災厄盡頭及利益開始時尋找有利時間，這是傳統命理老師不會的專業知識。

【有效富貴擇日】：有效擇日後，可以讓問命者的團隊事業快速蒸蒸日上。

十四、命中注定的【人生故事】

【前言】

人生如戲，戲如人生；不同格局，形成不同的方向，成就不同的命運；不同定位，形成不同的選擇，成就不同的人生故事，在人生舞台上我就是第一男（女）主角。

【人生故事的由來】

1. 【命】—命中注定優勢的格局。
2. 【運】—後天行運有利的選擇。
3. 【星辰的故事】—命財官遷之主星形成完整的格局故事。
4. 【四化的故事】—四化之大架構形成了富貴的人生故事。
5. 【人事物的選擇】—不同選擇可以產生不同之成敗人生。

【富貴的生涯規劃】

〔命〕乃命中注定的定數，〔運〕乃環境多選擇的變數，〔命運〕則是人生得失成敗的曲線圖；人生無常，利益是順勢而為，富貴是順天而行，生涯規劃的目的在追求完美的人生。

【一生命格的選擇】

—人生不同方向的選擇。

—人事物不同的曲線圖。

—【星辰】成就了優勢的命格。

—【四化】成就了富貴的人生。

【十年運勢的吉凶】

—讓【命與運】最有利之優勢連結。

—【避災】出自折磨人生的考驗（忌）。

—【富貴】來自先天俱足的厚愛（祿、權、科）。

—相同運勢，在不同宮位會形成不同的吉凶。

—不同運勢，在不同宮位會形成完整的故事架構。

十五、自己選擇的【人生故事】

【前言】

人生如戲，戲如人生；不同格局，形成不同的方向，成就不同的命運；不同定位，形成不同的選擇，成就不同的人生故事，在人生舞台上我就是第一男（女）主角。

【命中注定的人生故事】

【上天開的門】：

1. 【生年四化】：命中注定的人生故事。
2. 【來因宮在命】：前世與今生之未了的情緣。
—以宗教角度，表示前世做不好，今生再次的輪迴，上天再給一次機會。
3. 【忌在遷，福自化忌】：命中注定還債的緣份。
—在家人的期待中出國留學。
4. 【大父（兄）化祿，大財有忌】：順天的生涯規劃就是富貴的選擇。
—民國一〇〇年來台灣，一〇一年完成學業的同時，她愛上了華山派命理，哥哥在經濟條件有限下讓她一步一步追求人生的美夢。

〔實例〕戊女　二十五歲（馬來西亞籍，在家人期待下出國留學）

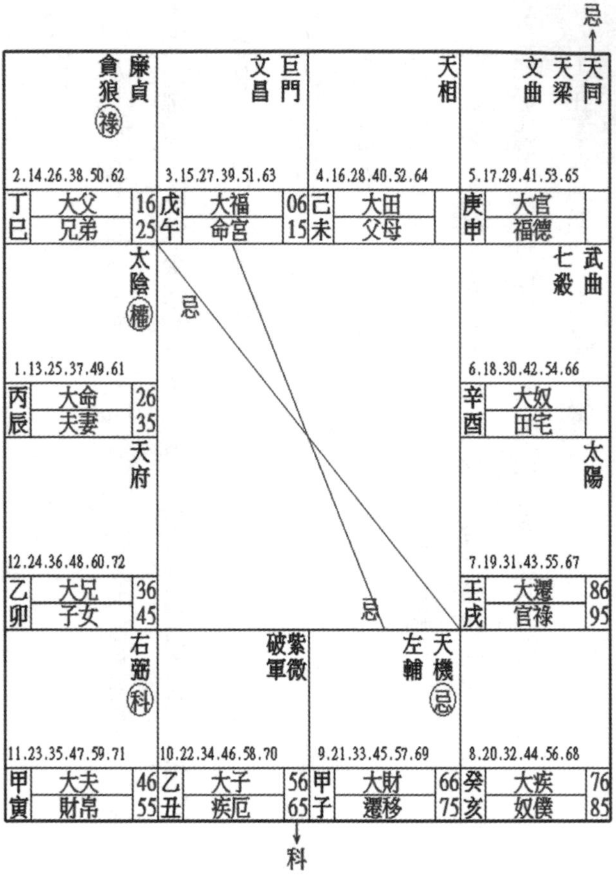

【自己選擇的人生故事】

【自己開的窗】

【飛星四化】：自己選擇的人生故事。

—多選擇的人生道路，行業可以自己選擇，只是過程比較辛苦。

有﹁本事﹂的運勢

—有專業才能追求財富。

事倍功半的人生

—凡事多小人與敵人陪伴。

捌、算命SOP怎麼問？

中國人算命已經流傳了千年之久，一直是民間的一種習俗。以訛傳訛的結果已經失去了算命真正的原意。宗教人士將祂包裝成神秘色彩，裝神弄鬼嚇人。而命理老師更誤導問命者面對人生無常的恐懼而進行騙財騙色，他們慣用的伎倆有改運、轉運、補運、造命、補財庫、補元神、符咒、斬桃花、祭嬰靈、祭冤親債主、做生基……等等民間習俗。其實，這些民間習俗只是心理安慰而已，對人並沒有實質的幫助。上天有好生之德，每一不好事件的發生，其災厄都可以藉由自身〔做對一件事〕來化解，並不需要依靠民間習俗的東西來化解凶象。

現就【算命怎麼問？】分析如下。

一、何謂【命與運】？

—論述算命與算運之區別。

二、【算運】怎麼問？

—論述現在決定的事，我會發生什麼事？應該怎麼做？對我以後有什麼影響？

三、【改運、轉運】怎麼問？

—論述壞運持續中，〔我要做一件事〕，才能讓壞運快速降低或終止。

—論述好運未來前，〔我要做一件事〕，才能讓好運加倍或快速來臨。

四、【結婚】怎麼問？

—訂婚與結婚，這兩天決定婚姻的幸福。

五、【開幕】怎麼問？

—裝潢日與開幕日，這兩天決定事業的成敗。

六、【看房子】怎麼問？

—動工日與入宅日，這兩天決定命中的富貴。

七、【改名字】怎麼問？

—叫名日與登記日，這兩天決定運勢的吉凶。

八、【安神安公媽】怎麼問？

—稟告日與安神日，這兩天決定子孫的興衰。

九、【剖腹生產】怎麼問？

—剖腹生產的時辰，決定小孩帶財還是帶衰。

總之，〔算命怎麼問〕乃鑑於傳統命理學或民間習俗之誤用所產生的反省心。長久以來，民眾已經習慣傳統老師安慰式或恐嚇式的無效擇日，殊不知真正的擇日乃依據個人出生年、月、日、時辰而量身訂做，絕非利用農民曆或通書等簡單方式所能推算出來。農民曆或通書把全世界每一個人的安神、開幕、動土……的日子都選在同一天，這是多麼好笑的事！真正的擇日是每一事件都要清楚告訴問命者會發生什麼事？應該怎麼做？對以後有什麼影響？這是華山派命理學十八年來不遺餘力致力於命理學的改革與創新，希望將命理學完全公式化、系統化、透明化。有朝一日科學化的命理學能夠在台灣生根、發芽、成長、茁壯，並帶動命理學的革命，盼望這希望種子能夠傳遍全世界的每一個角落。

一、【命與運】是什麼？

【前言】

﹁命﹂是命中注定的定數，﹁運﹂是人生多選擇的變數，﹁命運﹂則是人事物不規則的曲線圖。華山派命理學的重點為個人量身訂做，乃精準掌握人生﹁前因後果﹂與﹁來龍去脈﹂的學問。﹁算命﹂算一種，現象而已；﹁算運﹂算七種，現象學、時間學、吉凶學、內容學、影響學、改運學、轉運學。

【命運的區別】

1. **命運的區別**

【命】—先天俱足的因緣﹁現象﹂。

【運】—後天運勢的吉凶﹁時間﹂。

【命運】—預測未來人事物的結果。

2. **命運的區別**

【命】—命中注定的定數。

【運】—環境多選擇的變數。

【命運】—人生得失成敗的曲線圖。

3. **命運的區別**

【命】—命中會發生的事。

【運】—我現在決定的事。

【命運】—我自己選擇的人生故事。

4. **命運的區別**

【命】—只是現象學。

—傳統的命理老師。

【運】—現象學、時間學、吉凶學、內容學、影響學、改運學、轉運學。

—華山派紫微斗數。

【命運】—精準掌握人生最有利的方向。

—人生富、貴、福、祿、壽、丁的規劃。

—人生得、失、吉、凶、禍、福的選擇。

命理學基本知識

項目／體用	體	用	應
三 才	天	地	人
命理學	天時50%	地利25%	人和25%
命理學	本命60%	大限30%	流年10%
格局[一]	大格局	中格局	小格局
格局[二]	在天成象	在地成形	在人成事
命理[一]	命理吉凶50%	地理吉凶25%	個人條件25%
命理[二]	天意時間60%	註定事件30%	生涯規劃10%
地理[一]	尋龍為體60%	點穴為用30%	造法為人10%
地理[二]	山川大地60%	四周環境30%	室內擺設10%
地理[三]	大樓大門60%	電梯大門30%	住宅大門10%
改 運	天意時間60%	改運事件30%	避災東西10%
轉 運	天意時間60%	轉運事件30%	富貴東西10%
富 貴	大富由天60%	中富由勤30%	小富由儉10%
算 命	命理專業60%	生涯規劃30%	顏色生肖10%
宗 教	情盡緣未了	緣盡情未了	情緣皆了了

二、【陰陽宅】會旺到誰？

做對的因緣—做對因緣上天堂，不對因緣下蘇杭。

陰陽宅重點—災厄一定要盡頭，利益一定要開始。

錯誤的陽宅—頂新祖宅完成時，凶象災厄衰連連。

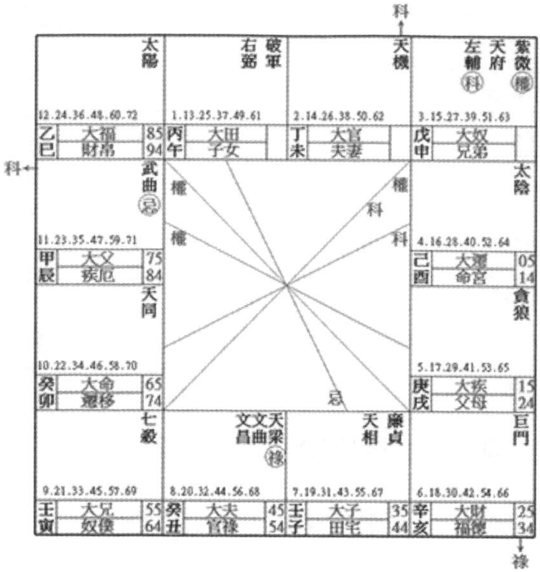

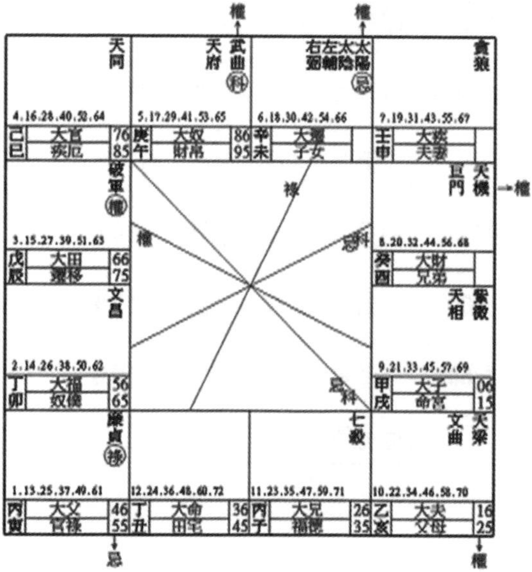

【前言】合盤的最大目的是將兩人以上的共同心願，在同年、同月、同日、同時完成有效擇日。這是﹝有效擇日學﹞的最高階段，也是華山派命理千年不傳的秘笈。

【合盤絕學】如何知道陰陽宅的變動會旺到誰？

【求者心願】老母擔心兩個兒子四十歲都不結婚，希望亡夫保佑兒子能夠傳宗接代。

【命盤公式】

一、先找出﹝生者與死者相同現象﹞的生死銜接點。

﹝死者﹞—本福化權入大福。

﹝生者﹞—本福化科入大福。

二、再找出﹝生者與死者求子交集﹞的吉凶心願處。

﹝死者﹞—本福化權入大福，大福化科入大友，大子化權入大友。

﹝生者﹞—本福化科入大福，本父大父入本子，大子化忌入本子。

﹝合盤﹞—生者之【生肖馬】入本子，死者之【生肖虎】化權科入大友。

三、最後應用﹝有效擇日訣﹞讓死者的恩澤，能夠庇佑後代子子孫孫。

【改運結果】學生民國九十八年父親死亡，傳統命理老師說九十八年沒有好日子，骨灰罈只能暫時跟無名屍在一起，就是所謂的寄塔方式。隔年滿一年符合傳統習俗的對年，找了鄭老師幫忙處理相關事宜，鄭老師用父親與家人共五人之生辰八字合盤擇日。擇日時，鄭老師詢問母親有什麼心願未了，母親表明兩個弟弟皆未婚，也沒有結婚念頭，如何讓子女想要結婚傳宗接代？鄭老師選九十九年四月三日為進塔日，所擇的日期只能直通小弟感情運的氣，卻挑不到可以銜接大弟感情運的氣。之後，神奇的事情竟然發生了，擇日的當下小弟的思維完全無結婚的打算，卻在五月二日陳家有了傳宗接代的小生命，傑克這也太神奇了！無獨有偶，隔年一〇〇年新蓋好的靈骨塔，母親想幫父親再換更新更佳的環境，於是再商請鄭老師來鑑定好地理，而再度擇日的日期，當然就針對大弟的終生大事為導向。神奇之事又再度發生了，在確定進塔日的前七天，大弟竟然帶女朋友回家度中秋節，沒多久已開始規劃結婚了！我只能說鄭老師﹁傳宗接代﹂的擇日，氣也太強！沒錯，有效擇日常常在相同因緣的夾縫中進行著人生另一生機的來臨。

三、【算運SOP】怎麼問？

〔算運〕出現後，〔算命〕不見了！

〔算命〕—算一種因緣。

〔算運〕—算七種因緣。

一、【算命】

〔現象〕：命中會發生的事。

—命格、個性、方向、八卦、五行、數字、顏色、生肖、宗教……

—星座、卜卦、八字、姓名學、塔羅牌、求神問事、生命靈數……

二、【算運】

〔時間〕：我現在決定的事。

〔吉凶〕：我會發生什麼事？

—〔分手〕後，我會遇到什麼緣份？

—〔出國〕後，我會遇到什麼奇緣？

—〔換工作〕後，我會找到什麼公司？

—〔生小孩〕後，小孩帶財還是帶衰？

〔內容〕：我應該怎麼做？

—〔壞結果〕時，怎麼降低凶象或中止災厄或趨吉避凶？

—〔好結果〕時，怎麼持續好運或規劃未來或創造高峰？

〔影響〕：對我以後有什麼影響？

—〔上班或創業〕，對以後有什麼影響？

—〔分手或不分手〕，對以後有什麼影響？

—〔生子或不生子〕，對以後有什麼影響？

【改運】：壞運持續中，〔我必須做那一件事〕，才能讓壞運快速降低或中止。

【轉運】：好運未來前，〔我必須做那一件事〕，才能讓好運加倍或快速來臨。

三、【算運ＳＯＰ】怎麼問？

【感情】怎麼問？

—下一個男人會不會更好？

—現在交往對象是不是正緣？

【實例】必先經過三角關係的感情，才能找到真命天子。

—正緣在何時？何時才能結婚？

—單身，今年會遇到什麼男人？

—折磨的感情會不會修成正果？

—為什麼我的男人都會離開我？

【實例】目前我帶衰，與我在一起的男人事業會走下坡。

—現在兩個對象我該選誰？怎麼選擇最有利？

【實例】現在交往的兩個人，〔虎〕是有緣無份的男人，〔龍〕是養我一輩子的人。

—今年想結婚會發生什麼事？怎麼規劃未來？

—追求喜歡的對象會不會成功？怎麼規劃未來？

【離婚】怎麼問？

—離婚後人生開始轉衰運或轉好運？

—離婚後能不能找到更好的男人？

【實例】確定下一段的感情是條件好的男人。

—離婚子女歸誰最有利，怎麼規劃未來？

—我最容易離婚的時間，怎麼規劃未來？
—我損失財產最少的時間，怎麼規劃未來？
—我要求財產最多的時間，怎麼規劃未來？

【結婚】怎麼問？

—結婚可以旺事業、子女、家庭……嗎？
—結婚會發生什麼事？我應該怎麼規劃未來？

【實例】今年結婚的對象會讓我的事業往上爬。

—結婚人生開始轉衰運或好運？怎麼規劃未來？
—婚後跟公婆同住會發生什麼事？我應該怎麼做？

【事業】怎麼問？

—創業會不會賺錢？怎麼規劃未來？
—目前的事業，怎麼做才能升官加薪？
—目前的事業，去留吉凶如何？怎麼規劃？
—換工作會發生什麼事？怎麼規劃未來？
—擴大營業會不會賺錢？怎麼規劃未來？

【實例】當員工出現離職潮時，就是公司擴大的開始。

—事業還沒有方向，怎麼找到人生的方向？

—今年會不會找到好工作？怎麼規劃未來？

—今年換工作會不會更好？怎麼規劃未來？

【子女】怎麼問？

—我應該怎麼管教子女？

—我跟子女的緣份如何？

【實例】有小孩後，我在家裡的地位才會穩固，此乃﹁母以子貴﹂的命格。

—我應該怎麼做才能生小孩？

—怎麼規劃子女的學業或未來？

—何時生小孩最有利？怎麼規劃未來？

【實例】一〇五年生的小孩是傳宗接代的人，也是繼承家產的人。

—今年生的小孩帶財或帶衰？怎麼規劃未來？

—父母跟子女同住會發生什麼事？我應該怎麼做？

【學業】怎麼問？

—我怎麼選科系最有利？

—我出國深造會發生什麼事？

【實例】出國深造是我人生必要的選擇，因為我的真命天子在國外。

—我不讀書應該怎麼規劃未來？

—我應該怎麼規劃學業與未來？

—我怎麼規劃才能考上理想的學校？

—我想換科系或中斷學業，怎麼規劃未來？

【實例】第二次復學就是真正讀書的時間，命中當老師的格局。

四、【結婚】怎麼問？

一、何時可以結婚

奉子成婚—因子女提前來臨，怎麼規劃未來？
因愛結婚—因雙方相愛而想結婚，怎麼規劃未來？
正緣結婚—因進入天賜良緣的時間，怎麼規劃未來？
被逼結婚—因不可抗拒的因素，怎麼做才能趨吉避凶？
再婚姻緣—因過去不長久的婚姻，怎麼做才能白頭偕老？
父母期待—因父母傳宗接代的期待，怎麼做才能家庭圓滿？

二、結婚的目的

—旺事業、旺感情、旺財運、旺子女。
—旺平安、旺健康、改運、轉運。
—降低災厄、中止凶象、其他。

三、結婚的依據

—結婚最好時機，〔災厄〕一定要到了盡頭。

—結婚最好時機，〔好運〕一定要已經開始。

四、這兩天決定婚姻的幸福

—非用不可的兩天，一是訂婚日，二是結婚日。

—這兩天可以銜接結婚的好運氣與個人的富貴運。

—訂婚日可以天轉好運〔戒指套住前世情〕。

—結婚日可以人接富貴〔眾生同慶今生緣〕。

五、老師一定要告訴您

—結婚後會發生什麼事？

—我應該注意那些事情？怎麼規劃未來？

六、【改運】壞運持續中，〔我必須做那一件事〕，才能讓壞運快速降低或中止。

七、【轉運】好運未來前，〔我必須做那一件事〕，才能讓好運加倍或快速來臨。

五、【開幕】怎麼問？

一、為什麼需要選擇【開幕】的時間？

－因開幕是事業成功與失敗的關鍵點。
－因開幕是事業賺錢與賠錢的關鍵點。
－因開幕是事業往上或往下的分界點。
－因開幕是事業緣起與緣滅的分界點。

二、開幕的依據

－開幕最好時機，〔災厄〕一定要到了盡頭。
－開幕最好時機，〔好運〕一定要已經開始。

三、開幕的目的

－為賺錢、為感情、為親情、為子女。
－為興趣、為心願、為理想、為成就。
－為合作、為合夥、為加盟、為其他。

四、這兩天決定事業的成敗

—非用不可的兩天，一是裝潢日，二是開幕日。

—這兩天可以銜接事業的好運氣與個人的富貴運。

—裝潢日可以地轉好運〈天賜良辰富貴開〉。

—開幕日可以人接富貴〈張燈結綵元寶來〉。

五、老師一定要告訴您

—開幕後會發生什麼事？

—我應該注意那些事情？

—怎麼規劃未來事業的發展？

六、【改運】壞運持續中，〈我必須做那一件事〉，才能讓壞運快速降低或中止。

七、【轉運】好運未來前，〈我必須做那一件事〉，才能讓好運加倍或快速來臨。

六、【看房子】怎麼問？

一、換屋的目的

—旺事業、旺感情、旺財運、旺子女。

—旺平安、旺健康、改運、轉運。

—降低災厄、中止凶象、其他。

二、吉屋的選擇

—〔出生地與陰宅地〕決定人生格局的大小，掌管富貴福祿壽丁。

—〔現住地與陽宅地〕決定人生富貴的大小，掌管得失吉凶禍福。

—您最適合的房子類型是旺事業？旺感情？旺健康？旺子女……

三、房屋的鑑定

—帶衰屋、旺感情、旺財運、旺子女。

—旺事業、旺健康、改運、轉運。

—降低災厄、中止凶象、其他。

四、這兩天決定命中的富貴

—非用不可的兩天，一是動工日，二是入宅日。

—這兩天可以銜接陽宅的好運氣與個人的富貴運。

—動工日可以地轉好運〈地牛翻身百花開〉。

—入宅日可以人接富貴〈大地回春富貴來〉。

五、老師一定要告訴您

—房子大變動後會發生什麼事？

—我應該注意那些事情？怎麼規劃未來？

六、【改運】壞運持續中，〈我必須做那一件事〉，才能讓壞運快速降低或中止。

七、【轉運】好運未來前，〈我必須做那一件事〉，才能讓好運加倍或快速來臨。

七、【改名字】怎麼問？

一、何時需要改名字

－長期的不順心。

－有心願想完成。

－不喜歡現在的名字。

二、好名字的依據

－依據先天命格而命名。

－依據目前的心願而命名。

－依據未來二十年的好運而命名。

三、改名字的目的

－旺事業、旺感情、旺財運、旺子女。

－旺平安、旺健康、改運、轉運。

－降低災厄、中止凶象、其他。

—其他。

四、這兩天決定運勢的吉凶

—改名字最好時機，﹝災厄﹞一定要到了盡頭。

—改名字最好時機，﹝好運﹞一定要已經開始。

—非用不可的兩天，一是叫名日，二是登記日。

—這兩天可以銜接名字的好運氣與個人的富貴運。

—叫名日可以天轉好運﹝春雷一聲天地動﹞。

—登記日可以人接富貴﹝秋收人間富貴財﹞。

五、老師一定要告訴您

—改名字後會發生什麼事？

—我應該注意那些事情？怎麼規劃未來？

六、【改運】壞運持續中，﹝我必須做那一件事﹞，才能讓壞運快速降低或中止。

七、【轉運】好運未來前，﹝我必須做那一件事﹞，才能讓好運加倍或快速來臨。

八、【剖腹生產】怎麼問？

一、為什麼需要剖腹生產？

—可以馬上知道生小孩會發生什麼事。
—可以馬上知道子女命中注定的優勢。
—可以馬上規劃子女命中注定的命運。

二、剖腹生產的目的

—希望子女有三十年人、事、物的好運。
—希望子女以後的發展依照父母的心願。
—希望子女以後的事業順心與感情穩定。
—希望父母人、事、物的心願能夠達成。

三、剖腹生產的影響

—可以馬上知道父母與子女的緣份。
—可以馬上知道家人與子女的緣份。

—可以馬上知道子女對父母的影響。

四、小孩帶財？還是帶衰？

—旺感情、旺財運、旺子女、旺健康□旺平安。

—帶衰事、改運、轉運、降低災厄□中止凶象。

—其他。

五、老師一定要告訴您

—生子女後，父母會發生什麼事？

—生子女後，父母應該注意那些事情？

六、【改運】壞運持續中，〔我必須做那一件事〕，才能讓壞運快速降低或中止。

七、【轉運】好運未來前，〔我必須做那一件事〕，才能讓好運加倍或快速來臨。

九、【延年益壽】怎麼問？

【前言】

改運的有效擇日工程極為浩大，必須靠不停抽絲剝繭的分析研究，如海底撈針、雞蛋裡挑骨頭般，才能找到一線生機。

【求者心願】命盤之人病情惡化中，如何挽救生命？

【有效擇日】

—乃掌握災難的盡頭與利益的開始。

—讓富貴之氣銜接到個人的好運勢。

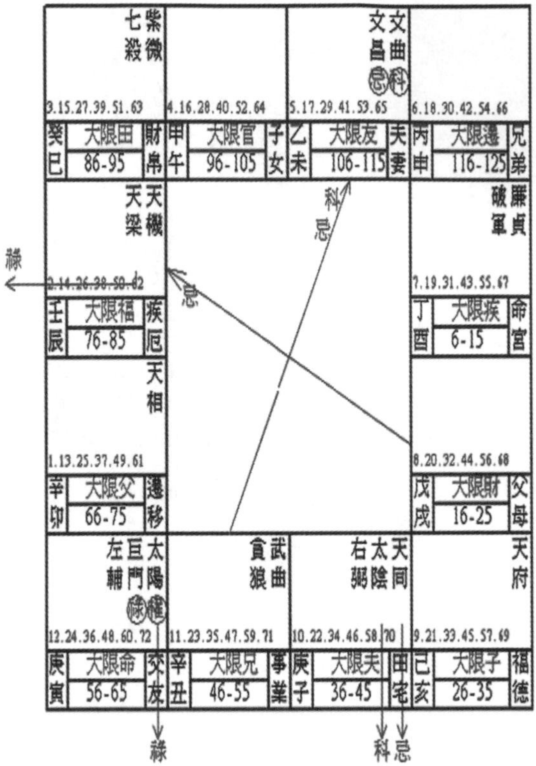

【命盤公式】

一、先找出〔所有的凶象〕：以下三項共構成死亡的條件。

—大疾〔用〕對本疾〔體〕形成大凶象，再找出此凶象時間在何時？

—大夫〔用〕對本夫〔體〕形成大凶象，再找出此凶象時間在何時？

—大田（用）對本田（體）形成大凶象，再找出此凶象時間在何時？

—其他……

二、再找出（所有的吉象）：以下每一項皆構成改運的吉象。

—本命（體）化祿權入大夫（用）形成吉象，再找出此吉象時間在何時？

—大命（用）化科忌入大夫（用）形成吉象，再找出此吉象時間在何時？

—本夫化科忌入本田與大田……等等公式。

三、最後應用有效擇日學在（生死與吉凶）的夾縫中找到轉運的生機。

【改運結果】命盤之人病情惡化中，如何挽救生命？這是華山派命理學最高階段的學問。觀察命盤，民國一〇四年為死亡的時間，第一波危險期在民國一〇二年八月前。但上天有好生之德，除非陽壽已盡，否則都可以找到有效挽救生命的時間。此命盤民國一〇一年十二月就是最佳的改運時間。華山派應用安公媽來化解此人的大災厄，讓病人趨吉避凶，化險為夷，現在此人平平安安過日子中。故有效擇日常常在矛盾因緣的夾縫中進行著人生另一生機的來臨。

十、【改運、轉運】怎麼問？

一、改運、轉運是什麼？

【科學的改運與轉運】

—包含陽宅、陰宅、改名、創業、換工作……

—包含結婚、生小孩、幫助娘家、傳宗接代……

【傳統的改運與轉運】

—包含祭嬰靈、祭冤親債主、做生基……

—包含收驚、符咒、斬桃花、點光明燈……

—包含招財、造命、補運、補財庫、補元神……

二、改運、轉運的目的

—旺事業、旺感情、旺財運。

—旺健康、旺子女、旺平安。

—降低災厄、中止凶象、其他。

三、改運、轉運有效嗎？

【確定有效】

—但只有在對的時間點做對的事才會有效。

【有效時機】

—擇日時，災厄時間一定要到了盡頭。

—擇日時，好運時間一定要已經開始。

四、做對一件事，決定人生的禍福

【改運】壞運持續中，「我必須做那一件事」，才能讓壞運快速降低或中止。

【轉運】好運未來前，「我必須做那一件事」，才能讓好運加倍或快速來臨。

五、老師一定要告訴您

—改運、轉運後，我會發生什麼事？

—改運、轉運後，我應該怎麼做？

—改運、轉運後，對我以後有什麼影響？

十一、【安神、公媽】怎麼問？

一、為什麼需要安神、安公媽？

—可以馬上知道感情與事業的好運何時來臨。
—可以馬上知道家人的災厄何時可以快速降低。
—可以馬上知道現在祖先的福報能不能庇蔭子孫。
—人、事、物的改運或轉運，安神與安公媽最有效。

二、安神、安公媽的依據

—安神、安公媽的最好時機，﹝災厄﹞一定要到了盡頭。
—安神、安公媽的最好時機，﹝好運﹞一定要已經開始。

三、安神、安公媽的目的

—旺事業、旺感情、旺財運、旺子女。
—旺平安、旺健康、改運、轉運。

—降低災厄、中止凶象、其他。

四、這兩天決定子孫的興衰

—非用不可的兩天，一是稟告日，二是安神日。
—這兩天可以銜接家族的好運氣與個人的富貴運。
—稟告日可以天降福報〔歷代祖先來庇蔭〕。
—安神日可以人接富貴〔積善人家種福田〕。

五、老師一定要告訴您

—安神、安公媽後會發生什麼事？
—我與家人應該注意那些事情？

六、【改運】壞運持續中，〔我必須做那一件事〕，才能讓壞運快速降低或中止。

七、【轉運】好運未來前，〔我必須做那一件事〕，才能讓好運加倍或快速來臨。

玖、印證篇

〈印證篇〉的內容是出自不同身分者對華山派命理學的一種肯定與支持。fb留言乃年輕族群對華山派現代化說詞的肯定，職業班學生留言則是專業人士對華山派學術的肯定，名人留言乃中上階層對華山派品牌的肯定。三者都證明了華山派命理學的存在價值，也是華山派勇往前進的支持力量。現今社會還是傳統命理當道，傳統命理老師大部分都會說一口大道理。然而，論述的事情不是一般人都會的常識或習俗，就是一般人聽不懂的〈鬼話連篇〉。命理學並沒有想像中那麼難學，只是命理老師瞎掰成性或裝神弄鬼有利可圖，藉著宗教的各種儀式騙財騙色，讓命理界一直沉淪在三流的角色，讓正統的命理老師蒙羞。完整命理學必須先學會三件事：一，命理學的基本常識（請參考命理學基本常識表）；二，流年的論斷法；三，生肖的論斷法。現就完整命理學必學的三件事分析如下。

一、命理學基本常識

【傳統的命理】

1. 傳統命理老師對命理學的基本常識非常薄弱。
2. 只會應用大概、也許、可能是、恐怕、或許、不一定等等說詞來籠統算命，不敢肯定未來人、事、物的結果。

【華山派命理】

1. 華山派命理的重點在﹁追根究底﹂、﹁前因後果﹂、﹁來龍去脈﹂的功夫。
2. 華山派命理的重點在每一事件一層又一層往下追問的學問。
3. 應用緣起、緣變、緣續、緣滅的公式，精準論述未來每一事件的結果。
4. 應用﹁緣、業、情、債﹂的公式，揭開宗教前世與今生的神秘面紗。

二、流年的論斷法

【傳統的流年論斷法】

1. 籠統論述本命現象或大限現象或流年現象。
2. 只簡單論述第一層的現象，沒有﹁流年﹂的算命法。
3. 算命的方式跟準不準無關，因為沒有明確的時間與吉凶。
4. 九成以上命理老師也會鬼扯﹁流年算命﹂，殊不知這只是錯誤的﹁現象﹂論斷而已。

【華山派的流年論斷法】

1. 本命盤論述第一層的﹁現象﹂，傳統命理只會這一層。
2. 大限盤論述第二層的﹁時間﹂與第三層的﹁吉凶﹂。
3. 流年盤論述第四層的﹁內容﹂與第五層的﹁影響﹂。
4. 流月盤論述第六層的﹁改運﹂與第七層的﹁轉運﹂。

5. 本命＋大限之吉凶，就是流年的論斷法。

三、生肖的論斷法：

【傳統的生肖論斷法】：

1. 籠統論述某些生肖是小人或貴人。
2. 算命的方式跟準不準完全無關。
3. 錯誤的〈生肖〉算命法，只會鬼扯〈某某生肖〉對人一生無關緊要的影響。

【華山派的生肖論斷法】：

1. 每一事件之時間＋吉凶確定後，就是〈生肖論斷法〉。
2. 乃精準掌握某一〈生肖〉對事件的影響。
3. 乃精準掌握某一〈生肖〉在事件中扮演的角色，貴人？小人？敵人……

總之，〈印證篇〉來自各階層人士對華山派命理學的一種肯定，也是華山派勇往前進的支持力量。現今社會還是傳統命理當道，華山派的傳承工作正緊鑼密鼓進行著歷史的任務，任何傳統命理老師在學術上誤用與誤解，都是華山派的革新責任，而〈印證篇〉更加速了我想導正與推翻傳統命理的封建時代思維。殊不知學習命理的相關知識比命理本身重要一百倍，算〈流年〉不是從流年宮位開始論斷，算〈生肖〉也不是從生肖宮位開始論斷；〈算流年﹀一定要本命命盤＋大限命盤之相同現象確定後才能論斷，﹝算生肖﹞一定要每一事件之時間＋吉凶確定後才能論斷。這是命理學的基本概念，然而傳統的命理老師九成九卻不知道。這就是為什麼絕大多數的命理老師一直學不會命理之原因所在。華山派命理學的重點在一層又一層往下﹝追根究底﹞的功夫，在領悟﹝前因後果﹞的吉凶，好讓為問命者做出人生最大利益的規劃。希望藉此出書之便，讓華山派學術種子散播在世界的每一個角落。

一、fb留言印證

〔**Momo Jiang 留言**〕--**交大博士**

命理不是玄學，也不是迷信，而是用正面的思考去面對人生，用更客觀的角度來看整個人生旅程。要做整個全局的人生規劃，【低潮時沉潛，高潮時全力發動攻擊】，才會帶來人生的最大利益。

千金難買早知道，謝謝【鄭老師】的分析，讓我在每個轉彎處，能夠不走錯路。

〔**Emma Tsai 留言**〕--**澳洲**

【華山命理】的鄭穆德大師，不愧是大師級人物，本來只是去逛街的我，多了另一個收穫。老師，我會認真看你要我寫的每一個字的，謝謝你！【推薦給大家唷】

蔡佩津留言--紐西蘭

以前算過【塔羅牌】，感覺模稜兩可，表面東西，沒有深度了解，但是今天到了【華山命理教學中心】，陳莘妮老師講的根本是把我的心扒光光！一個字……【準】！

〔**Minyi Yang 留言**〕--**寮國**

鄭穆德老師超強的！人好又親切，而且超準！說出來的跟我現在的狀況根本就一模一樣！【真神！】真幸運能遇到鄭老師親算！有機會一定要來把整個人生都算一次～大大的規劃一下!!

〔**Ye Hua Chang 留言**〕**-- 東埔寨**

鄭穆德老師精闢的解析讓人豁然開朗，準確的說中我內心的想法，也指引我接下來的方向。聽到老師幽默的解說，讓我放下心中的大石，也解開了我的疑惑。非常慶幸這次回台有機會能與老師結緣，若非老師耐心的指導，也許我會被困在疑惑的牢籠裡很長一段時間吧！如果人生是茫茫大海，我想我是那艘搖搖欲墜的獨木舟，而老師便是指引我方向的那盞明亮燈塔！

【感謝老師】，也感謝我的一群好朋友帶我來與老師結緣！

〔**熊來了留言**〕**-- 台中**

在逢甲碧根廣場內，有間【華山派命理】，裡面有位陳莘妮老師～人長得漂亮，美麗溫柔又細心，命理技術又是一流～（怎麼有這種人存在人世間呢）。本來還想說：切～～有多厲害！結果我錯了～真的好厲害！有機會一定要再去～～

﹝**Rita Huang 留言**﹞--**台中**

我今天來【華山派命理】找陳莘妮老師！超準超厲害超讚:))) 跟我以前算的完全不同。以前算的都沒有講重點~~~也沒有準的感覺，害我花了很多錢。所以我超推薦^^【大家一定要去噢】

﹝**朱孟芸留言**﹞--**台南**

以前都不知道算命可以【這麼科學】！直到聽過鄭老師的解析，才發現以前自己去算的什麼【占星塔羅】是可以解釋某些現象，卻沒辦法真正的切中要點……而鄭老師的【華山命理】恰恰相反，一點都不囉嗦，字字珠璣！【完全命中】！

﹝**安森院長留言**﹞--**台中**

路過【華山命理】有人發名片，看到﹝算感情﹞，我真的還要算？不要吧!!真的準嗎？都算過很多次了，但還是走進去算了一下，結果超嚇人的準……算過這麼多家只有這家準，在逢甲碧根廣場，不準給砍頭……在【華山派命理研究學院】。

﹝**高兔留言**﹞--**台中**

昨天在碧根廣場的【華山派命理】算命超準的喔!!今天又推薦朋友來了。

陳堉慧老師你好準喔!!給你一萬個讚~~~

sir Jhang 留言 -- 台中

來逢甲逛街，比比看到一間【華山派命理】，就停下腳步問我要不要進去問看看，平常不相信算命的我居然會說進去看看吧。跟陳莘妮老師問幾個問題，居然都神準的被說中了！！讓我不相信都難啊~~嗚呼~~

〔**香帥留言**〕**-- 台中**

透過朋友推薦，來到逢甲碧根廣場的【華山命理】找一位陳堉慧老師算命。原先只是抱著試看看心態，因為很多算命的都是騙人花錢買產品消災，沒想到這裡不一樣耶。陳老師親切精闢的剖析，一語驚醒夢中人，連女朋友不知道的心事也被說中了，真神奇，好神準喔！好康的一定得跟大家分享，要算命要去找逢甲【華山命理】的陳堉慧老師喔！

〔**吳社長留言**〕**-- 台中**

一語道破，一箭穿心，讓我重獲新生。讓我清楚人生的方向，指引我的光明燈【謝謝陳莘妮老師】!!讓我大開眼界，給我明確的目標！【大力推薦華山派命理陳莘妮老師!!謝謝!!】

〔**沈佳慧留言**〕——**台中**

雖然是被同學拖去的，剛開始抱著半信半疑的心態，但算過那一次後，真的還滿準!!陳堉慧老師很厲害唷~~【神準】三秒命中要害【準準準】！人又很親切，大家也快去算看看~~在華山派命理碧根廣場一樓 A-15

〔**林汝芳留言**〕——**台中**

鄭穆德老師算的【超級神準】!!之前也有算過其他家的，但是都沒有很準，或是給的答案不明不白。但是經由老師的清楚分析，讓我的未來更有明確清楚方向，無論在感情上還是事業上!!【真的很感謝老師】!!

〔**沈呆呆留言**〕——**台中**

今天帶朋友來碧根廣場【華山命理】，之前來算過超準的，今天也介紹朋友來。鄭穆德老師真的很厲害，給你一萬個讚!!大家也可以多多來唷。

〔**Yo Boom 留言**〕——**台中**

因為一次機緣，來到了【華山派命理】旗艦店，自己本身是很鐵齒的，所以只是陪友人同行，順便就聽聽看，問了最近想不通的疑惑，回返時半信半疑，就不放在心上。沒想到老師說的都驗證了，讓我瞠目結舌，無法相信。怎麼可能!!這麼準!!（尖叫）鄭穆德老師你太神準啦！老師本人雖然沒我們年輕，但不輸年輕人的帥氣哦！！大力推薦—【華山命理】。

〔醋桶羽留言〕--- 烏日

我今天去【華山命理】找妮妮老師~~~規劃我的感情、學業、健康~整個就是超準XD 之前去【一中】算的都扯東扯西就是沒有講到重點 -.-" 妮妮老師算的，連同我的朋友好幾個來算也都超準!!真是感謝妮妮老師讓我感情不會被騙~~~哈哈哈哈 :)) 學業規劃也讓我有目標可以依循~ :"D-- 我會再介紹更多人來算~讓我的朋友不會再浪費摳摳 @@

白家毓留言 --- 大安

有幸了解自己是最大的幸運，而幸運的來源源於【鄭老師】。多希望我所愛的人都能和我一樣有幸了解自己，解決萬難，盡情飛翔。給命理權威—鄭院長!!）

〔Rita Huang 留言〕--- 台中

今天又來到逢甲碧根廣場【華山派命理】找鄭穆德老師規劃學業與感情……老師是我這輩子算過最準的大師!之前在其他地方算命總是講得很籠統，任何事都沒有肯定的答案……老師算我與父親的緣份把我嚇死了!!超準~~……【給老師十萬個讚】!!

〔**陳奕伊留言**〕——**台中**

今天又來到逢甲的【華山派命理】找鄭穆德老師，因為之前算的好準喔～帶著同學來算學業、感情。算完之後我彷彿看見我的陽光……老師就像我的小天使貴人＞＜謝謝您 鄭老師＾＾

〔**Kirk Li留言**〕——**台中**

因為最近的感情事，導致心情都好悶，今天下了班就想說到台中走走。到了逢甲逛了很久，突然看到【華山派命理研究學院】，想說反正最近衰事連連，就進去看看！一進去，就問了感情事和自己的運，在裡面遇到了華山派的創始人鄭穆德老師。哇～～～老師說的超準，超神的＠＠。我什麼都沒說耶！他讓我知道，必須找回真正的自己才會成功！真的是超神的，根本就是----【佛陀再世】啊！大家一定要來給老師看看，保證你想要的答案、問題點都找得到……從這裡出去，就會不一樣！

〔**張景彬留言**〕——**彰化**

昨天晚上去逢甲碧根廣場【華山派命理研究學院】找陳老師算命，算今年一年的運、事業跟感情。聽了陳老師的說明之後，也讓我知道今年一年該做什麼，老師根本就是〔仙女下凡」來幫我們解決問題的，我只有一個字就是「準」，大家可以去給陳老師算一下，真的很準，騙你（妳）們我是烏龜。真的超準的，有什麼想算的，就快點找陳老師吧，陳老師會幫你（妳）分析得很清楚喔。

〔**Yi-jung Tsai 留言**〕**——台中**

上次給莘妮老師算，是在我沒有到場的情況下算，後來經朋友轉述的。莘妮老師的神算，真的是準到讓人起雞皮疙瘩，連我哪一年發生了什麼事，她都可以算出來。所以這次雖然要等，我還是很堅持一定要給莘妮老師算，因為她真的很值得。而且莘妮老師都會解說得很清楚，也會教你要如何化解，真的很謝謝老師！！

〔**汪香君留言**〕**——台中**

之前來【華山命理】找陳莘妮老師論命，老師算得很準，讓我驚豔連連。從未有的準，我強烈推薦大家來找～～莘妮老師～～超超超超超超超超超超超超超超超超超～～推薦～～

〔**王玟婷留言**〕**——屏東**

來這裡很多次了，每次都指定【鄭穆德老師】。我覺得算命是規劃自己的未來，是很值得……一語道破許多事，所以介紹很多人來。

〔**林曉莉留言**〕**--台中**

聽朋友介紹來到【華山命理】算命，一走進來就馬上指定鄭穆德老師算命~~~充滿著緊張的心情聽老師解說~~~才聽到開頭第一句就大吃一驚，心裡想著也太準了吧!!謝謝鄭穆德老師幫我解說這麼多，讓我相信【命運好好玩】~~~讓我下次想再來給老師算，甚至想帶更多朋友來給老師算命。~~~來這次真是太值得了啦^^真的是包你準喔哈哈!!

〔**陳誼臻留言**〕**--桃園**

今天來【華山派命理】找陳莘妮老師規劃我的未來，好準喔，【算了那麼多家這一家最準】老師真是太厲害了……給老師一萬個讚，超推薦大家來這裡算！超值得超划算！

〔**Grace Liu 留言**〕**--台中**

【華山命理老師】超準的優~如果沒有算大家都會後悔呢！一定要來 >< 所有的問題都可以幫大家解套^^推薦莘妮老師美麗又大方~無數的讚

〔**陳怡婷留言**〕**--台中**

前幾天到碧根廣場找【華山命理】的鄭穆德老師算命，讓我心中的迷惘有了方向，也非

常感謝老師給了我很多寶貴的意見，耐心的解答我的疑惑，真的令我獲益良多!!非常推薦大家來找這位很棒的大師~~

〔**Crystal Chen 留言**〕--台中

今天朋友介紹來到逢甲超級有名的【華山派命理】，很幸運的遇到鄭穆德大師，請鄭大師幫我規劃人生。果然是大師級的，【超級準準的拉】！未來感覺有鄭大師幫我規劃……前途一片光明！

〔**范宜晴留言**〕--台中

今天晚上去逛逢甲夜市，偶然經過去算命，【逢甲華山派陳莘妮老師】算得有夠準！超級準的。讓我了解到自己的命格，對自己的人生有了更進一步的了解。感情超準，【驚訝到說不出話來了！超準超準~】【超級推薦華山派命理的陳莘妮老師。超值優惠】

〔**Qin-Xuan Lin 留言**〕--台中

真是感謝鄭穆德老師的授業解惑，今日此行冒著風雨交加的天候專程來到逢甲【華山派命理】，【真的很值得】。開解心惑終於放下心中一樁心事。今晚能有一夜好眠囉，【再次感謝鄭老師及華山派諸位老師的解惑】【真是奇準無比】。有空可以休揪來解惑喔。

〔**Keng-Hao Liang 留言**〕-- **台中**

跟朋友來逢甲【華山派命理】，找仰慕已久的鄭穆德老師，規劃未來，【太準了】，把我的心事都講出來，突然間人生有了目標有了希望。【謝謝鄭老師，來逢甲這趟很值得，推薦大家！】

〔**Hazel Ho 留言**〕-- **台中**

今天和 Candy 去了逢甲的【華山命理】算命，幫我規劃未來的是【華山派命理的陳堉慧老師】，【很神準】，讓我了解到人生方向和規劃，【老師你等我，明年一定再去問～】

〔**Eddie Ko 留言**〕-- **台中**

來【華山派命理】給莘妮老師規劃流年【很準喔！】謝謝老師的精闢分析，讓我這個從國外回來的不得不說【真是太厲害了啦！超推薦的！】

〔**吳典餘留言**〕-- **台中**

來到【華山命理】，我所有的疑問都得到答案，鄭穆德大師實在是太神奇了，老師所說的讓我心中的疑問不論是事業、感情問題瞬間撥雲見日，解開心中所有疑惑，感覺就是像在黑夜裡有一道光線助我前進，【感謝鄭穆德大師】，我給他 N 個讚。有問題歡迎大家隨時來

找大師 TEL:0937--295-555 歡迎大家來找大師呦^^

〔**黃晞涵留言**〕--- **台中**

今天偶然在逢甲逛到【華山派命理研究學院】，本來心存矛盾也很害怕，但因為看著身旁的朋友算出很準的答案，也解了她的疑惑!!更讓我也很心動!!……所以我也有算了!!看著漂亮又有氣質的陳莘妮老師一一講出我心中百思不解的答案時，心裡真的很開心又很震驚!!【也超推薦大家一定要來算，絕對不會後悔】！！！

〔**陳剛安留言**〕--- **台中**

今天來到了逢甲看到了【華山派命理】，朋友說進去看看。原本是覺得算命這東西不實際，因為人定勝天，不過這觀念在遇到了【陳莘妮老師】的那一秒【一切都改變了，真的是一語道破 一箭穿心】、【一語驚醒夢中人，真的是準得太誇張的】，根本不是人，是神!!此時此刻我感覺到重獲新生。各位有空一定要來算一下，價錢合理經濟又實惠，【花小錢能獲得大啟發，還在等什麼？】【我覺得塔羅牌占卜真的可以包包回家去了】

〔**Pei Jiun Chen 留言**〕--- **台中**

今天到逢甲經過【華山派命理研究學院】，遇到了鄭老師替我解心中疑惑。【真的是太神準了~~（推薦大家）】。有疑惑可以來這裡找人生方向。【準斃了】~~原來我今年就是走到這樣的運，而我也知道我要如何讓自己再爬起來【好康報乎大家災，鄭老師準到不行】【不信你來試試看】

〈**徐嘉堃留言**〉**-- 台中**

本來是不太相信的我，真的讓我相信命理，陳堉慧老師謝謝你。本來只是來逛逛街，巧遇【華山命理】，用猜疑的心去算，當我算完【真的很準】。

〈**冬姬留言**〉**-- 台中**

今天跟朋友一起去台中逢甲，聽聞【華山派命理】的算命非常的有名，於是我們就進去想說試試看。在那邊遇到了陳莘妮老師，經過他的解惑之後，我深感震撼，不管是對於現況、過去、未來，都讓我有了更深的一層的對自我的了解，與下定決心要改變，句句精闢的分析也讓我對之後有了打算的方向，【非常推薦各位朋友來捧場，真的值回票價】，【^^~之後一定會再來】。

〈**陳雅琪留言**〉**-- 台中**

經過好姐妹的介紹，來到逢甲【華山命理】遇見莘妮老師，解決很多人生道路上遇到的問題，如果妳們也像我一樣有很多的煩惱和人生的不如意，也聽過外面各門各派的老師解說，那請妳們也要來華山命理見見莘妮老師。【不然會後悔喔！】

〔**Chih Chang Chiang**〕**留言－－台中**

透過超級麻吉的介紹來到位於逢甲碧根廣場的－－－－－【華山派命理研究學院】，算一下（命）和未來半年的（運），超乎我想像的準，陳堉慧老師講的【超準的啦！】人親切，口條清晰。【真的相當感謝她喔 ^0^ 大家可以來了解一下，對你一定有幫助喔。

〔**張筠翎留言**〕**－－台中**

前幾天剛好到逢甲逛街，剛好看到【華山派命理】。我和朋友本來都抱持半信半疑的態度，但從鄭穆德老師說的第一句話開始，【整個就是「準」】，【覺得這錢真的是花得超值得!!】希望大家有機會都可以來算算看!!

〔**孔詩婷留言**〕**－－台北**

在逢甲逛街，意外的看到【華山命理派】，當下決定算算看！陳堉慧老師不但和靄可親，還算得超準！從不相信算命的我【信了】！我終於懂我未來的方向！當你迷失方向時請來這！讓你找到方向喲！(ゝω∂)てへぺろ☆

〔**李怡萱留言**〕**——台中**

雖然以前有算過塔羅盤，但都是透過聊天才說到重點，而且都不怎麼準，但走進【華山命理】沒開口說話，莘妮老師就說出準到讓我嚇到，不僅說到我個性硬碰硬，還說跟家人間的關係，Oh my god【太神準了】，推薦大家也來走一趟，包準你會嚇到不知如何是好。【華山命理】好準啊！！

〔**江佳燕留言**〕**——台中**

今天藉由朋友的介紹，來到【華山派命理研究學院】讓鄭穆德老師親算，【真的很準】!!條理分明又一針見血，也解決了我心中一直在困擾的事情。【真的很感謝】!!

〔**許弘明留言**〕**——台中**

表弟今天帶我去逢甲【華山命理】找莘妮老師算一下運勢。覺得【很準】，價格又便宜。我誠摯【推薦大家】一定要來走走唷!!

〔**鴨比兒留言**〕**——台中**

逢甲【華山命理】今天帶著半信半疑的心情與姊姊來找鄭穆德老師，比起過去算的塔羅牌真的準確明瞭多了~【謝謝鄭穆德老師】。

〔**馮瑋茹留言**〕——**台中**

今天又回到【華山派 鄭穆德大師】講解精闢，論點精準，讓我解決疑惑，對未來方向更加確定，【真的是超級無敵準】！感謝大師的指點，大家趕快來，一起讓鄭大師幫你解決問題吧！

〔**Wu-yeo So 留言**〕——**台中**

雖然是誤打誤撞走進【華山命理】，可是卻得到了我想要的答案，【很謝謝莘妮老師】還滿準的!!有人要一起來麻 XD【糾團】我可以當領隊帶你們來喔 XDD

〔**Lan Li-chi 留言**〕——**台中**

【華山派的陳莘妮老師】，老師真的很會解說，不知生辰也可以算，會等妳慢慢把內容抄下來，讓妳之後可以看，原本不相信算命這東西，但聽完有嚇到，下次會找莘妮老師算。

〔**超愛玩留言**〕——**台中**

今天到【華山派命理】找鄭穆德老師規劃未來，【超級準 :)】老師真的好厲害哦～～～把我心裡的話都說出來，不像別家都講得不清楚，有種被騙的感覺）【推薦給你們～～～～華山派命理好棒 :)】

〈柯琦薇留言〉——台中

逢甲【華山派命理】是我算過最精準、讓我最有方向的地方！有陳莘妮老師精闢的解說，讓我更明白目標！超讚的（(大拇哥)）！真的跟外面說的算的不一樣!! 很有可能因為一句話而改變我們～～～～！一定要來找最美麗又專業的莘妮老師)^0^(

〈塗家銘留言〉——台中

在逢甲逛街看見【華山派命理】，好奇的走進來，【太神奇】了！想不到命理可以如此的科學，之前的總是講得不清不楚。【感謝鄭穆德老師的分析】，給老師千萬個讚！

〈劉德豪留言〉——台中

【刺激～刺激～】有些事情不要不信邪～當你成為當事者時～妳在聽【華山命理】（逢甲夜市廣場）陳莘妮老師解說時～我相信準到連簡單的字都要問老師！那個心臟跳得跟什麼一樣，那個寫字ㄉ手抖ㄉ跟什麼一樣，【因為我就是那個當事者】…………

〈涂勝藍留言〉——台中

【華山派命理研究學院】鄭穆德老師算的真的超準的啦 :D 顆顆一定要來算一下的啦 :D 有問題得再來問我，我再給名片和電話【大力保證 :D】【這家太厲害囉】【去別家喔都浪費錢】

【我真的大力推薦哈哈】—與沈芷盈

〔**謝伯鑫留言**〕--**台中**

來【華山命理找陳莘妮老師算，真的超準的!!】準到我都在笑說我是遇到神嗎？連我想做什麼都知道==我推薦要來這一家華山命理算命【超超超超準】【給老師一〇〇〇萬個讚】

〔**劉丞琳留言**〕--**台中**

來逢甲【華山派命理】，好奇的走了進來，鄭穆德老師幫我規劃未來。【太神奇了】原來命理可以這麼科學【準準準】跟我以前算過的完全不一樣【謝謝老師】。今天老師的分析我一定會【推薦大家】來解決疑難雜症的。

〔**陳思吟留言**〕--**台中**

天ㄚ，今天去～～～逢甲算命--【華山命理】～～超準的給～～莘妮老師～～算的真的狠準】。原本心中有恨，現在完全放下。謝謝莘妮老師～～～超推薦的，不要再去別的地方浪費錢了

〔**Yvonne Pan 留言**〕---**苗栗**

今天來到慕名已久的【華山命理】，經朋友介紹給莘妮老師【真的實在太準的】，讓我

自己更明白未來的路該如何發展，希望大家有來逢甲一定要來給老師算算喔～超棒的～讚～】

〔**蔡芊芊留言**〕——**苗栗**

第一次來到【華山命理】，同事們口耳相傳果然「狠準」，難怪同事們已經有二十幾個人都相繼過來找〔陳莘妮老師〕。今天經過陳老師ㄉ指示，頓時心中疑惑都有方向……

〔**廖小渟留言**〕——**台中**

今天透過朋友介紹來到逢甲【華山派命理】，都還沒講前因後果，【陳莘妮老師】就能點出我的問題點，清楚的講解我目前遇到的問題及未來的方向該怎麼做。問的問題都能輕易的看出答案，讓我真的覺得【【很驚訝】】!!真的很感謝莘妮老師，非常推薦大家～不來會後悔唷～】

〔**Dollin Lin 留言**〕——**台中**

逢甲【華山命理】莘妮老師>>>>>”Super 準~~！【花小$】，內容㊣到爆！很讚的算命經驗。【值得一推再推啦！】

〔**林大芸留言**〕——**台中**

來到逢甲碧根逛街～走進來【華山命理】，遇到和藹可親的陳堉慧老師解說我的命運～

【真的很準喔~】也謝謝老師給我許多非常受用的建議~我會朝著正確的方向走~相信會有一個美好的開始~【下次還會再來找陳堉慧老師解答~!!】

二、職業班學生印證

命中注定的天意

「如果說一切都是天意，一切都是命運，終究已注定；如果說一切都是天意，一切都是命運，誰也逃不離……」這是劉德華唱的《天意》，沒錯！天意，就是天命，也是命中注定的人事物因緣，一定會發生的事，只不過如何把握命中優勢得到利益，與如何避開運中的災厄傷害，是我一直汲汲追求的真理。

一路學習從姓名學、八字、擇日、塔羅牌，苦惱多年一直得不到心中所要的答案——預測運之吉凶與發生的時間，感覺就像醫生只會讀教科書，卻不會上手術台開刀之理；如同無法替自己規劃未來，又如何幫助自己與眾生，這是完全說不通的道理。直到「華山派」的學理說服了我，它是鄭老師嘔心瀝血的傑作，創立於一九七七年，乃集大成於五大公式——生年四化、飛星四化、自化、星辰、左右昌曲的內容，運用華山派五大公式精算出人事物因緣結果，並且明確預測未來發生的時間與吉凶，像是人生規劃的氣象台，對茫茫眾生真是一大福音。它讓我們可在個人棋盤上精準知道，人生成就是要備足條件後衝刺一番或保守冬藏後沉澱一番，還是要伺機天運來時再創人生高峰。更感動於華山之最：天地人之「在天成象，在地成形，在人成事」。原來，觀看人生運勢科學化的曲線圖，是在於富貴的人生必先要看出行運之氣會直接影響每個運勢銜接的前後三年，再者更要有能洞察天機之「華山不傳之秘」，知道運勢來之前要有事前五年的規劃，最後才能一氣呵成，知天命而盡人事。在上天的巧安排下，處處有生機，事事有條理，條條通羅馬。千萬不要落入人生最可悲之事：運來之時，沒本事、沒本錢、沒定位、沒方法，而空感歎啦！

鄭穆德大師在命理界，猶如科技業的大師賈柏斯，都是改革創新、締造人類幸福的先行者，為人類帶來新價值。每每拜讀鄭老師的學術大作後，皆會讓我憾動許久驚歎不已！命理之美誰能與之爭鋒！

華山派四化命理研究學院

理事長 華紫老師

學習命理的因緣路

從小我對於命理玄學即有濃厚的興趣，當同學還在看小說、漫話書時，我的書櫃裡擺的都是命理書籍，只要有人提及那裡有老師算命神準，我就會馬上飛奔體驗，可謂之算命實戰經驗豐富。也基於這份探索未知空間的熱誠與興趣，於十五年前，我開始到各大研究機關，找老師研習命理，舉凡卜卦、八字、星座、面相、擇日、姓名學、陽宅風水、紫微斗術都涉略，學習多年仍舊是懵懵懂懂，捉不出個準，直到九十六年在台中市救國團結識華山派命理學創辦人鄭穆德老師，才正式開啟我以專業命理為業之不歸路。

華山派命理的紫微斗術，不同於坊間命理學派，它將命理區分為二，「論命」跟「論運」。「論命」講的是一生注定的命格，訴說的是命中存在的現象，沒有時間跟吉凶，例如命中是做生意當老闆，命中可當有錢人會賺大錢；「論運」講的是時間與吉凶，可預測人、事、物的結果，這部分是華山命理的專利，例如命中注定當老闆，幾歲可當老闆？做何生意會賺錢？做何生意會賠錢？要用何種方式經營？下一份工作會不會更好？……算命要會提問，才能有所助益，坊間的命理老師，只能告訴你何時會結婚？何時會買房子？華山命理的老師，告訴你結婚後會發生何事？何時結婚會旺工作事業、財運？買房子後會發生何事？是會走好運？

還是走衰運？

研習華山派命理，首重觀念問題，想法偏差，論命結果就會失誤。結識鄭老師五年餘，在其諄諄教誨提攜之下，論命功力進步神速，上課所學的理論學術，在逢甲旗艦店論命時，都可立即得到應證，尤其看到客人用崇拜、驚訝的眼神，說著：「老師您算得好準喔」，內心的震憾無可比擬，成就感搭上驚喜的感動，更令我深深讚佩著鄭老師的才華。華山派至理名言：「學習命理相關知識比命理本身更重要千萬倍。」一位優秀的命理老師需要豐富的人生閱歷做支撐，自從接觸華山派命理，我的人生價值觀從此有了極大的轉變，對於人事物的看法，會試著用不同的角度觀看，得到的感受領悟，對論命分析俾利甚多。尤其這幾年來，我不斷以自己跟周遭親友命盤當範例推測結果，當預測的人、事、物時間來臨時，接二連三應驗發生，驚喜、惶恐、感概、難以置信……內心的悸動是百感交集、五味雜陳，命中注定會發生的因緣，真的任誰也逃脫不了。華山派命理，真的只有一個「準」字了得啊。

現代人為了突破窘境尋求生機，紛紛求助於心靈諮商、宗教信仰、命理老師、廟宇神佛等。運氣好，順利解決，運氣不好者，人財兩失，遺憾終生。問命者的目的，無非是趨吉避凶，尋求人生方向，要求的是明確的答案跟時間，未來的憧憬跟規劃，華山派命理運用科學化的理論，搭配公式，融合時事、人性心理，給予問命者明亮的未來，滿足心靈的慰藉。對於有興趣研究命理者，華山派命理的紫微斗數，簡單易學精準好用，助己也能助人，習得一技之長，終生受用。我是受惠者，大力稱讚推薦～～～華山派命理。

華山派四化命理研究學院
副理事長 華微老師

時也、運也、命也！

記得有一本小說，文中提到不知有多少英雄豪傑經常走到海邊仰天長嘆：「人有沖天之志，無運不能自通，馬有千里之行，無人不能自往，時也、運也、命也，非我之不能也。」人經常將事業、感情之不如意歸咎於命運與天意。事實上，好運與勝利只留給有條件及準備好的人。華山派命理研究學院鄭穆德老師的論運分析在於如何掌握人生之高潮，充實人生之低潮；在於如何洞悉天地富貴之良機，在於把握最好的機會點於「何時」「何地」「何人」。也就是掌握天機、福德良地、巧遇貴人，而順應上天巧妙之安排。

我有一位至親的女兒，結婚十年來夫妻相敬如冰，雖然同住在一個屋簷下，但兩人從不講話，彼此當成空氣人。我這位至親請教過無數命理老師，大部分都說只要再忍幾年，兩夫妻就會相敬如賓，但幾年過去了還是無法改善。一〇〇年十月上課期間，有一次我拿至親女兒命盤給鄭老師分析，老師一看命盤，三秒鐘就說該命盤夫妻本命、大命、流命於一〇一年一月形成緣滅，將是去舊迎新之時刻。我將鄭老師論命結果告訴至親，她微笑一點都不以為然，並已忘記這回事，一〇一年一月九日，至親接到女兒電話說他們已簽字離婚，至親非常驚訝，嘖嘖稱奇鄭老師論命之精準，並要女兒抽空請教鄭老師，其女兒迫不及待於一〇一年一月十四日赴逢甲旗艦店請益鄭老師。老師除為她論述前世之緣、業、情、債的因緣，並以她當下之條件及個人目前現狀做詳細的運勢分析與生涯規劃，並告訴她要捨得放下，很快就有新良緣。一〇一年三月，至親的女兒帶著男朋友一同到逢甲旗艦店請鄭老師為其結婚擇日，同時讚賞老師論命之精準。

民國九九年冬天，我一位好友女婿年紀三十歲，有一天在自己經營之工廠操作機器時，不慎被兩支五百公斤鐵管壓在肚子上，瞬間昏迷不醒，送至中山醫院。該院認為太過嚴重，建議轉院至中國醫院，中國醫院一看病情太過嚴重，起初也不願意收，最後經不起家屬苦苦哀求勉強收下。醫師診斷後發現肝臟、膀胱、胃、脊椎嚴重受損，對復原機率不太樂觀。我好友看到這種情景傷到最傷、痛到最痛，我也感到不捨，即建議他們找鄭老師算一算吉凶因緣。鄭老師從病人之命盤本疾、大疾、本夫、大夫、本田、大田之體用關係看其吉凶，然後說請兩位放心，病人在一〇一年四月後會好很快。說也奇怪，躺在床上將近一年多毫無起色之人，在一〇一年四月竟然有如神助好很快，一〇一年六月自己可以上下床，到八月就出院回家了。我好友對鄭老師論命之神準萬分佩服，覺得猶如諸葛再世，也對老師論命之深度及廣度讚歎不已。

我跟鄭老師學習命理已近兩年，上課時老師再三強調學習命理知識與觀念比會算命重要千萬倍，命理與所有的學問一樣，皆可以公式化、系統化、科學化來表達專業知識。如投資何時賺錢？可以賺幾年？工作何時變動？換了後較好還是較壞？感情何時緣起？婚姻何時緣滅？意外何時發生等等，每一個命盤都可以追根究底並預知人、事、物之時間與吉凶，只要做對因緣，懂得經營與了解屬於自己的命運軌道，然後去掌握並配合順勢規劃與操作，自然能領悟出命理是美麗與藝術化的學問。

華山派命理教學中心講師
華安老師

我是馬來西亞人

我來自馬來西亞，從小就對人生和未來充滿夢想，下課後常常會到大書局看星座和命理之類的書。高中時在書店打工，剛好隔壁新開一家命理館，常帶家人和朋友去體驗，從此對命理產生濃厚的興趣。但……去過幾家體驗後就發現……難道命不能改嗎？天生就如此嗎？如何做才能轉運與改運呢？

畢業後，在父母的期待下來台灣讀書。雖然他們很不放心，也在家裡經濟有限之下讓我來台灣，希望對我未來有所幫助。剛到台灣時很不能適應，也不習慣這裡的食物和天氣，才一兩個月就被救護車送進醫院。直到巧遇華山派命理研究學院後，才清楚的分辨出什麼是【命】？什麼是【運】？為什麼會發生不如意？自己又該擁有什麼個性？命中注定欠誰的債，該做些什麼等等……原來命理也是很科學化的東西，不像之前看過的，華山派很清楚的講每一件事，也很清楚預測人、事、物的未來。當天與華山派老師交談後，我就清楚告訴自己這是我想要學的東西。

時間過得很快，在華山派命理研究學院學完初級班、高級班、職業班，雖然很想繼續學保證班，但因經濟能力有限，我只能慢慢地一步一步讓理想美夢成真。我不想放棄，因為這是很難得的機會，學成後回馬來西亞，我想幫助更多更多的人。

華山派命理研究學院

華音老師

掌握命運就是掌握利機

民國一〇〇年真的是我人生中的一個轉捩點，在一次因緣際會之下，進到華山派命理逢甲旗艦店算命。記得當時對於老師的說法，還半信半疑，但後續所發生的種種，都一一印證，後來也介紹許多朋友去算算看，多半得到當事人正面回應。從這過程中，漸漸使我對於華山派命理感到十分好奇及著迷。

俗話說「掌握命運就是掌握利機」，基於此種理念便毅然決然投入學習。雖然剛開始時周遭的朋友紛紛想阻止，但投入之後，朋友知道你有此項專長，又紛紛想找我幫他們算命，好像我能未卜先知、指引明燈。由此發現，原來大多數的人都跟我一樣，對無知的未來感到好奇及擔憂，這就是所謂的人性。我相信每個人應該都曾思考過一件事：自己來到這個世界是為了什麼？使命在哪？由此可知，找到人生的定位對每個人而言都是十分重要的事。孔子說「五十知天命」，可見就連至聖先師也都要到人生過半後才能明白自己的使命在於傳承教學！而進入華山派命理後，我有幸於三十歲就能知天命，去好好規劃自己的未來，掌握最佳利機，少走冤枉路，免於誤入歧途。

自從開始接觸華山派命理以來，我發現自己從原本對未來的茫然，轉變成看到一道強而有力的曙光，找到人生的方向及希望。我認為每個人都應該知命，才能知道自己的人生方向，進而規劃生涯，所謂「知命」並非自我限制，而是幫助迷失的羔羊回歸正軌，而華山派命理清楚又精闢的論命方式，與坊間籠統的論命大相逕庭。

鄭穆德老師曾說「學習命理的相關知識比命理技巧來得重要十幾萬倍。」這句話我十分認同。真正的命理，絕不只是論命技巧，而是在協助人生規劃，這是我們華山派最大的特色，鄭老師也表示「上天不會放過任何人，也不會虧待任何人」，這句呼應「風水輪流轉」，「上天為你關上一扇窗，也一定會為你開啟另一個出口」，華山派命理就是要幫助人在迷惘時找到生命的出口。如果你也認同這個理念，歡迎一起加入華山派命理這個大家庭，協助自己、親朋好友及客戶點亮生命的燈塔。

華山派命理教學中心講師

華心老師

三、名人印證

天下第一神算

蔡長明

我是在九十五年時，遭遇人生事業低潮困境之下，經由朋友介紹認識堪稱「天下第一神算」的鄭穆德老師。

由於他對命理學有獨到的看法，也有著高度智慧、深遠見解，幫助迷惘挫折的我認清天命的軌跡，坦然面對人生，更時常以悲天憫人胸懷勉勵我，給予務實貼切觀點，同時也指引我的事業在穩定中發展。

對尊敬的鄭老師，我有相見恨晚的感觸。身邊很多朋友也同樣受益良多，舉凡一般人會有的困擾，如考不上理想學校啦、久病不癒的怪病啦、事業、婚姻、生子等種種問題都有方法解決。即使紫微斗數流傳千餘年，一般人也許仍會認為論命是迷信，但他以科學態度潛心研究數十年，更勇於打破傳統斗數框架思維，突破舊有謬論，敢於在人、事、物發生的時間點與吉凶的結果下定論。

鄭老師眼光深遠，為了幫助更多群眾，他集合古今斗數各大門派之精華，更致力於推廣紫微斗數，創立「華山派四化命理研究協會」，也吸引許多高知識份子共同參與研究。今與廣大群眾分享，期望更多人能因知命認命，進而規劃運勢之最大利益，積極的面對精彩人生！

辛卯年仲夏於廈門

本文作者為華誠食品董事長

父親的神仙路

陳莘妮

受到先天命格的影響，從小就喜歡探究命理的相關知識，但卻苦無機會能找到說服得了自己的名師。因為自己是實事求是的人，對命理亦是近乎苛求，在巧緣之下上鄭老師教國團的課，當下有種驚為天人的強烈感動！

原來命理也可如此清楚易懂且精準到位，像寶島鐘錶買的——準準準！如同高科技化產品實驗應證零瑕疵，徹底顛覆傳統坊間的命理老師，講得不清不楚，無法完整交代時間與吉凶，更不用談對未來的預測與規劃！所謂皇天不負苦心人，終於找到我命理的啟發老師，此傳奇人物正是華山派創始人——鄭穆德老師。

久病的父親於九十八年的四月一日去世，剛好是愚人節的日子，心裡覺得是上天開的玩笑吧！讓家裡的人都慌了陣腳，猶如晴天霹靂無法反應，所以把一切的喪葬事宜都包給葬儀社，配合葬儀社傳統擇日的命理老師說，九十八年看不到任何好日子可幫父親好好安葬在靈骨塔，於是當下就用所謂的寄塔方式，並沒有真的就定位，講白話等同是我新買的房子，屋主本人卻不能住，還要在外面租房子，形同流浪！這樣流浪了一年，隔年滿一年符合傳統習俗所謂的對年，找了鄭老師幫忙處理相關事宜。鄭老師用父親與家人共五人之生辰八字合盤擇日，看出父親還未投胎轉世，一語中的讓人驚訝指數破表。擇日時，鄭老師詢問母親有什麼心願未了，母親表明兩個弟弟皆未婚，也沒有結婚念頭，如何讓子女想要結婚傳宗接代？鄭老師選九十九年四月三日為進塔日，所擇的日期只能直通小弟感情運的氣，卻挑不到可以銜接大弟感情運的氣。之後，神奇的事情竟然發生了。擇日的當下小弟的思維完全無結婚的打算，卻在五月二日陳家有了傳宗接代的小生命，傑克這也太神奇了！無獨有偶，隔年一〇〇年新蓋好的靈骨塔，母親想幫父親再換更新更佳的環境，於是再商請鄭老師來鑑定好地理，而再度擇日的日期，當然就針對大弟的終生大事為導向。神奇之事又再度發生了，在確定進塔日的前七天，大弟竟然帶女朋友回家度中秋節，沒多久已開始規劃結婚了！我只能說鄭老師〈傳宗接代〉的擇日，氣也太強！

【不確定數】的事情經過鄭老師巧妙擇日後，竟都化不定數為【定數】。母親多年來的心願終於如願以償，心想事成達成率百分百，這只能說鄭老師太神奇了！

與老師學習至今，神奇或讓人驚訝指數破表之例不勝枚舉，連同許多高知識分子或企業家都是老師座上貴客。華山派命理學能如此獲得這些貴客認同實屬不易，更遑說請他們寫序推薦！

【氣象局】能預測天氣，【華山派】能預測個人所有運勢，命理的重點乃生涯規劃或趨吉避凶，進而獲取人生最大的利益。華山派的學術是科學命理，現實環境裡的計劃趕不上變化，但運用事先規劃可以停止變化，這正是鄭老師精研、改革、創新此學問的最大成就。

辛卯年孟冬於台中

紫微斗數學習心得

陳鵬元

從小就對於命理學說充滿好奇，這門學問為何會在東方文化裡長久的流傳著，而且有多個學派的發展與演進，而近幾年國內的命理節目如雨後春筍般的冒出、充斥著，雖然讓我們可以簡易的了解概念，但大部分卻說的是似是而非的論調，甚至流於綜藝化、商業化。此外，新聞中也時有見聞不肖分子假借宗教或命理之名行詐騙之事，造成正負評價不一的情形。我內心總是想著這些學說可以流傳幾千年，且在古代都是由知識分子從天文地理中研究、演繹與創建的，應具有其奧妙之處，學說本身應該沒問題，可能是被後學者或使用者所扭曲吧！基於個人理工科的背景，面對不解的問題總是實事求是，我自己來一探究竟吧！這是能滿足自己長久以來的好奇心最好的方法。

開始接觸紫微斗數是在建築師公會，上的是鄭穆德老師的課程。一年多來的學習，老師的教學方式是有系統、有層次的，而且紫微斗數的解盤就有如解數學一般，有一定的公式與邏輯，有定位才能精確找出定數，讓人愈解愈入迷，愈解愈上癮。老師在說明解盤時，更如同律師一樣的有條理、簡單明確、一針見血。每一次上課都會讓學生隨機提供命盤與問題，以實例解盤方式來加強學生學習的興趣與記憶，此外也解決學生生活中的困惑。老師在完全沒套招以及準備的情況下，總是在三秒內就能精確地找出問題點、目前發生的現象、應該如何化解、在那個時間點……等，著實讓我由衷佩服且嘖嘖稱奇。

老師上課時，常常提【華山派名言錄】所建立的一些觀念，更讓我建立了正確的命理觀念，例如：(1)學習正確的命理知識與觀念，比會算命重要千萬倍；(2)命理的課題著重在規劃與經營未來，好運只留給有條件、有準備的人；生涯規劃是要我們懂得經營與了解屬於自己命運的軌道，然後去掌握與配合順勢操作，自然能經營理想的人生；(3)命理不要有是非的觀念，本來就如此，如同佛家的因緣果報、緣起性空；(4)宿命是要我們了解須了業還債，懂得【性空緣起與真空妙有】的哲理，受苦的當下福報也已經開始產生……等，皆與時下電視上所看到的論點不同，讓我體會原來這才是真正的命理學，其具有公式化、系統化、科學化，正向、精確、不怪力亂神。而我是如此的幸運與福氣，在初學紫微斗數時就碰到鄭老師，他引導我走向一條正規且光明的命理旅程，我深感光榮地在鄭老師的帶領下，面對自己的人生變得更加自信與肯定，不再搖擺不定、人云亦云，我想往後自己也會更深入地研習與探索紫微斗數。

民國一〇〇年十二月八日於台北

本文作者為建築師

我認識的華山派

龍盛源

偶然的機遇下與您結識，至今已逾十年，這段日子經歷了許多人生的變故，面臨到感情婚姻觸礁、事業陷入瓶頸、錢財投資失利……所幸一路上有您陪伴關照，才能安然平順渡過低潮，亦師亦友的情誼，感念在心。

綜觀坊間命理師，素質參差不齊，論命大都模稜兩可，欺、瞞、拐、騙時有所聞，花錢買法器改運，卻依舊是衰事連連，詢問為何不靈無效？得到的回應是【你沒行善，福報不夠】，真是花錢又白受氣。

回想起第一次找您論命，您獨特精闢的解析令人激賞，對於每個事件發生的時間與吉凶，用條例式重點講解，清楚又明確，隨後陸續介紹數十位親友找您論命，得到的回應就如同我一般，說您論命神準，令人嘖嘖稱奇，對您更是佩服得五體投地。因為當初的預言都一一實現印證，從此我對您紫微斗數的論命功力就深信不疑。

九十五年我投資朋友的房地產，為透天店面的預售屋，九十七年完工交屋，建商欲以原價新台幣六百萬買回，您要我別賣，並告知一〇〇年出售獲利會是最好的時機九十八年有人出價新台幣六八〇萬，您要我再等等，等到99年又有人加價到新台幣七一〇萬，當時我已心動想賣了，您又教我忍一忍，一〇〇年走大運價格會更好，果真在這年七月我以新台幣七七五萬高價售出。

談及我居住的【龍舍】更是您的曠世傑作。此地原是建商自地自建，因經濟營運出現危機而停擺。面對路沖、四周廟宇環繞、地面又比道路低七〇公分，種種傳統的風水禁忌，導致此屋乏人問津，閒置多時，而您竟要我買下它。您說：「這是塊好地理，有福報之人得之，日後將旺人緣旺事業，多元化的發展，錢財廣進。」結果我真成了龍舍的主人，還在您建議下選擇眾多人忌諱的農曆七月搬家入住，這是獨特的擇日功力。龍舍在您的巧藝構思規劃下，風水哲學結合了園藝造景，宛如觀光景點的民宿壯觀大器，親友及國外的客戶來訪皆讚不絕口，寧願捨棄豪華的飯店也要選擇在龍舍休憩，享受田園自然的原野風光，更意外成為地理風水師們的教學景點，人氣是絡繹不絕。鄭老師您多年前即告誡我，民國一〇〇年前要沉住氣，不要輕舉妄動，蓄勢待發等時機，民國一〇〇年開始大運來時，將扭轉乾坤，展翅高飛，重登人生高峰。一〇〇年初至今，我房地產投資獲利，事業轉運，業績蒸蒸日上，先前被倒的債務，也在逐筆回收，邀約的投資生意持續不斷，您真不愧是料事如神的一代大師。您是命理界的一股清流，而華山派在您領導下也將是未來命理界的主流，行筆至此，希望以我十年來生涯規劃的經歷讓更多人一起分享。

二〇一一年孟秋於龍舍

本文作者為龍氏企業集團總裁

我的貴人

陳家卉

回想二〇〇五年我正為工作疑惑時，透過好友的輾轉介紹而與鄭老師結緣，在好友的極力推薦下，開始了與鄭老師的第一次電話諮詢。回想當時的我正想轉換工作跑道，而鄭老師斷言「離開的可能性只有二〇%，最後結果仍取決於自己的心意」。我在半信半疑中提了辭呈，最後果真驗證了老師的話，我無法立即離開工作崗位而答應老闆再留一年！就在第一次的諮詢過程與結果中，我感覺到鄭老師回答問題簡單、清楚，進而改變我對命理的刻板印象與看法。一直到二〇〇六年老師斷言我將前往大陸發展，然而當時完全沒有跡象顯示我可能前往大陸，心裡更認定不會發生，沒意想到從二〇〇六年第三季開始，陸續開始有了大陸工作機會的邀約，我也如鄭老師鐵口直斷的預言，在二〇〇七年三月前往中國大陸發展。

一路走來我在中國大陸的發展均十分順遂，因此當我在職場上遇到重大選擇，包括合夥人配合遇到困惑，我都會諮詢鄭老師。因為鄭老師解讀命理精準明確、簡單扼要，讓我在人生的道路上能當個自我的掌舵者，對自己的未來方向明確，態度沉穩、心平氣靜，不再惶恐不安！鄭老師不僅僅在工作是黑暗中的一盞明燈，在感情道路上，鄭老師也為我的朋友解決婚姻中難解的三角謎題；在投資理財方面，鄭老師更指引朋友買房，老師建議的買房時間點讓好友在上海競爭激烈的房產中投資獲利良多。

綜觀與鄭老師的互動過程，鄭老師總是以客觀的角度、樂觀的態度、宏觀的視野，細細解開我人生種種疑惑，在人生道路中扮演的不只是老師，更是不可多得的好友，讓我體會了【與君一席話，勝讀十年書】的真正含義。與老師至今長達六年多的緣份，讓我對老師的信任與日漸增，在漫漫人生起起落落的路上，我幸運的認識鄭老師這位貴人，謝謝老師的指引與開導，希望這份美好可以讓更多人一起分享！

二〇一一年初冬於上海

論命、陰陽宅免費教學、職業班招生

【算命怎麼問？】

一、﹝時間﹞：我現在決定的事
二、﹝吉凶﹞：我會發生什麼事？
三、﹝內容﹞：我應該怎麼做？
—壞結果時，怎麼降低凶象或中止災厄或趨吉避凶？
—好結果時，怎麼持續好運或規劃未來或創造高峰？
四、﹝改運﹞：壞運持續中，﹝必須做那一件事﹞，才能讓壞運快速降低或中止。
五、﹝轉運﹞：好運未來前，﹝必須做那一件事﹞，才能讓好運加倍或快速來臨。

【陽宅風水怎麼問？】

﹝問﹞：現在住的房子吉凶如何？凶象時，我應該怎麼做？
【算命一次】：新台幣參仟元起，只接受現場或電話論命。
【陽宅一間】：新台幣貳萬肆仟元起，外縣市加交通費。
【免費教學】：免費教學一個月。

華山派命理研究學院
預約專線：0937-295555　0909-195555
電子信箱：praygod999@yahoo.com.tw
網站網址：www.praygod999.url.tw
華山地址：台中市南區柳川西路一段三十九號
免費上課：台中市西屯區逢甲大學正門口（碧根廣場 A15）

國家圖書館出版品預行編目資料

算運：史上第一本命理算運書 / 鄭穆德著.
－－第一版－－臺北市：知青頻道出版；
紅螞蟻圖書發行，2016.06
面 ； 公分－－(Easy Quick；147)
ISBN 978-986-5699-74-1（平裝）

1.命書 2.紫微斗數

293.1 105004458

Easy Quick 147

算運：史上第一本命理算運書

作　　者／鄭穆德
發 行 人／賴秀珍
總 編 輯／何南輝
校　　對／鄭穆德
美術構成／上承文化
出　　版／知青頻道出版有限公司
發　　行／紅螞蟻圖書有限公司
地　　址／台北市內湖區舊宗路二段121巷19號（紅螞蟻資訊大樓）
網　　站／www.e-redant.com
郵撥帳號／1604621-1 紅螞蟻圖書有限公司
電　　話／(02)2795-3656（代表號）
傳　　真／(02)2795-4100
登 記 證／局版北市業字第796號
法律顧問／許晏賓律師
印 刷 廠／卡樂彩色製版印刷有限公司
出版日期／2016年 6 月　第一版第一刷
　　　　　2019年 1 月　　　第二刷(500本)

定價 360 元　港幣 120 元

ISBN 978-986-5699-74-1　　Printed in Taiwan